折り紙でつくる
四季の花とリース

ナイス折り紙 丸山信子 著

はじめに

この本を手に取っていただき、本当に心から感謝申し上げます。
皆さまの YouTube チャンネルとインスタグラムのサポートが、この本の出版を実現する大きな力となりました。

本書では、春、夏、秋、冬の各季節に合った花の折り方を紹介しています。
それぞれの季節にぴったりの花を折ることで、自然とのつながりを感じていただけることでしょう。

折り紙のスキルに関わらず、幅広いレベルの折り紙ファンの皆さまに楽しんでいただけるよう、詳細な手順と豊富な写真を通じて季節の花を表現する方法を提供しています。

最初は上手に折れないこともあるかもしれませんが、練習を積み重ねて技術を向上させれば、折り紙の楽しさを必ず発見していただけます。
なにより、難しい作品が美しく折れた時の達成感はひとしおです。

折り紙の楽しさ、美しさ、そして無限の可能性を共有できることを本当に光栄に思っています。
この本を通じて、私の情熱と創造力が皆さま伝わり、折り紙の魅力を一緒に探求し、共有できることを楽しみにしています。
どうぞお楽しみください。

ナイス折り紙 NiceNo1-Origami　丸山信子

もくじ

折り紙をはじめる前に ・・・・・・・・・・ p.8

覚えておきたい折り方 ・・・・・・・・・ p.10

山折り / 谷折り / 四角折り ・・・・・・・ p.11

座布団折り① ・・・・・・・・・・・ p.12

座布団折り② / 座布団折り③ ・・・・・・ p.13

リースの土台① ・・・・・・・・・・ p.14

リースの土台② ・・・・・・・・・・ p.16

人気の花（五角形の切り出し方）・・・・ p.17

人気の花（桃）・・・・・・・・・・ p.18

人気の花（梅）/ 人気の花（桜）・・・・ p.21

春に折りたい花とリース

バラ ・・・・・・・・・・・・・・・ p.28

チューリップ ・・・・・・・・・ p.32

桜 ・・・・・・・・・・・・・・・ p.37

パンジー ・・・・・・・・・・ p.40

桃 ・・・・・・・・・・・・・・ p.46

ハナミズキ ・・・・・・・・・ p.49

バラのリース ・・・・・・・・ p.53

夏に折りたい花とリース

ひまわり ・・・・・・・・・・ p.64

ハイビスカス ・・・・・・・・ p.67

ダリア ・・・・・・・・・・・ p.75

マーガレット ・・・・・・・・・ p.80

あじさい ・・・・・・・・・・・ p.82

朝顔のリース ・・・・・・・・・ p.86

Special Techniques 七夕飾り ・・・・・・・・ p.93

秋に折りたい花とリース

菊 ・・・・・・・・・・・・・・ p.104

桔梗 ・・・・・・・・・・・・・ p.107

ガーベラ ・・・・・・・・・・・ p.112

立体の菊 ・・・・・・・・・・・ p.116

コスモスのリース ・・・・・・・ p.121

Special Techniques 星 ・・・・・・・・・・ p.126

冬に折りたい花とリース

ポインセチア ・・・・・・・・・・ p.134

クリスマスボックス ・・・・・・ p.137

クリスマスリース ・・・・・・・ p.139

椿 ・・・・・・・・・・・・・・ p.142

お正月のしめ縄リース ・・・・・ p.146

梅の花 ・・・・・・・・・・・・ p.148

梅の花のしめ縄リース ・・・・・ p.150

雪の結晶のリース ・・・・・・・ p.151

Special Techniques リボンのポチ袋 ・・・・・ p.153

Column

仕上げ方のコツ ・・・・・・・・・・・・ p.22

色合わせのコツ ・・・・・・・・・・・・ p.98

飾りつけのコツ ・・・・・・・・・・・・ p.128

折り紙をはじめる前に

完成度の高い作品に仕上げるなら、以下の道具があると便利で効率的です。カッターナイフやピンセットのような鋭利な道具を使う際は十分に注意して、安全に折り紙を楽しんでください。

■あると便利な道具

- **クリップや紙ばさみ**

  紙を固定するために使用したり、糊が乾くまでずらさず固定するのに役立ちます。

- **定規**

  精密な測定や切断に役立ちます。特にカッターで折り紙を切る際は、プラスチック製に比べて滑りにくいので、鉄製がおすすめです。

- **はさみやカッター**

  折り紙を切ったり、形を整える際に必要です。

- **ダブルサイドテープ**

  作品を張り合わせたり、修正するのに便利です。糊は一度貼り合わせると修正できませんが、ダブルサイドテープは失敗しても修正が可能です。

- **接着剤**

  速乾性ののりなどの接着剤は、作品の構築や修復に使用できます。

- **竹串**

  紙を折ったり形を整えたりする際に使います。また、細かい部分の糊付けにも便利です。

- **ピンセット**
  先がとがったピンセットは、細かい成形作業に便利です。
- **クイリングバー**
  花芯を巻く際に便利。竹串やピンセットに比べて作業が簡単です。
- **クイリング糊ボトル**
  細部ののり付けに便利です。

■折り紙の保管と取り扱い

- 折り紙は湿気に弱いため、湿度の低い場所で保存しましょう。
- 直射日光を避けることも重要です。紙の色あせや変形を防ぎましょう。
- 折り紙を触る前に手を洗い、指紋や汚れが付かないように気をつけましょう。

【注意事項など】

※各作品に、ナイス折り紙のYouTube動画にアクセスできるスマートフォン用QRコードを掲載しています。折り方を動画で確認したい場合は、スマートフォンのバーコードリーダーで読み取ってアクセスしてください。
※本書で紹介する折り方は書籍用に改良しているため、動画での折り方と異なる場合があります。
※仕上がりサイズは目安です。使用する紙の厚みや素材によって異なる場合があります。
※本書では作品によって使用する紙のサイズが異なります。折り始める前に、「用意するもの」を確認し、原寸サイズをご確認ください。
※説明を分かりやすくするために、途中で角度を変えたり部分的に拡大している場合があります。

Introduction

覚えておきたい折り方

本書をより分かりやすく使っていただくため、記号の説明と基本の折り方を紹介します。作品を折るために必要ですので、まずは基本をマスターしてください。

記号	名称	説明
----·----·----	山折り線	折り線が外側になるように折ります
------------	谷折り線	折り線が内側になるように折ります
────────	1度折った折り線	折り線通りにたたみます
────────	切り取り線	ハサミなどで切ります
────▶	矢印	折る方向を示します
------▶	後ろ側に折る矢印	山折りなど、後ろ側に折ります
↻	裏返す矢印	表裏を逆にします
↶90° ↶180°	回転させる矢印	表記された角度に回転させます

Introduction
===
覚えておきたい折り方

●山折り

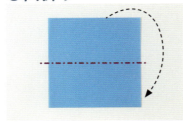

1 折り線が外側に出るように折ります
2 折り線が外側にできました
3 開くと折り線が山になっています

●谷折り

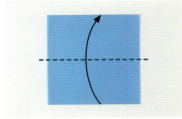

1 折り線が内側に隠れるように折ります
2 折り線が内側にできました
3 開くと折り線が谷になっています

●四角折り

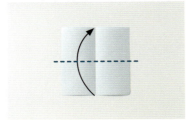
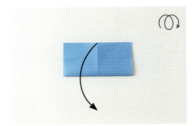
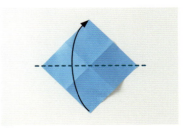

1 半分に折って開き、向きを変えて半分に折ります
2 2回折ったら開きます
3 裏返して向きを変えます。角を合わせて三角に折ります

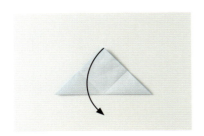
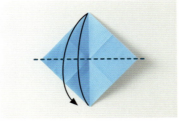

4 開きます
5 向きを変え、角を合わせて三角に折って開きます
6 開きました

7 山折りの折り線の角を持ちます

8 折り線に沿って縮めます

9 折り線に沿ってたたみました

10 四角折りができました

●座布団折り①

1 三角に折ったら開き、反対側も三角に折ります

2 1を開き、裏返します（Bはそのまま）

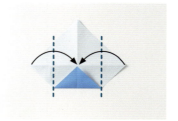

3 下の角を中心に合わせて折り、左右の角も中心に合わせて折ります

4 上の角も折ります

5 三角折りから始める座布団折り①ができました

●座布団折り②

1 半分に2回折り、開きます。裏返します（Bはそのまま）

2 向きを変え、下の角を中心に合わせて折ります

3 左右の角も中心に合わせて折り、上の角も折ります

4 四角折りから始める座布団折り②ができました

●座布団折り③

1 半分に2回折り、開きます

2 角をあわせて三角に折って開きます

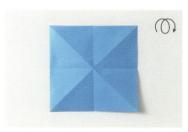

3 折り線を確認して裏返します（Bはそのまま）

4 向きを変え、下の角を中心に合わせて折ります

5 左右の角も中心に合わせて折り、上の角も折ります

6 座布団折り③ができました

●リースの土台①

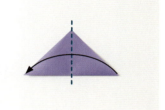

1 三角に折り、半分に折ります

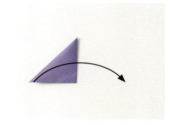

2 1を開きます

3 向きを変えます

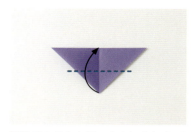

4 下の角を上辺の中心に合わせ、2枚まとめて折ります

5 すべて開きます

6 下の角を中心に合わせて、折り線に沿ってたたみます

7 上の角も中心に合わせてたたみます

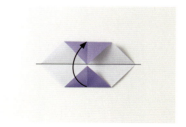

8 中心の折り線に沿ってたたみます

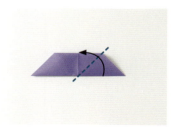

9 右の下辺を中心の折り線に合わせて折ります

10 しっかりと折り線を付けます

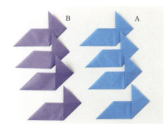

11 同じものを8つ折ります

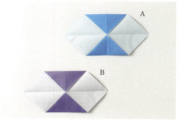

12 8の状態まで開きます

Introduction
覚えておきたい折り方

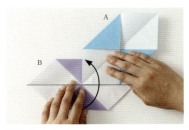

13 角と中心が合うように重ね、B（紫）を折り線に沿ってたたみます

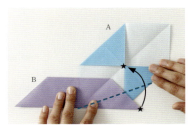

14 ★と★が合うように折ります

15 しっかりと折り線を付けます

16 3つめのパーツを用意します

17 3つ目のパーツの角をA（水色）の中心に合わせ、Aの折り線に沿ってたたみます

18 14と同じように折ります

19 3つのパーツがつながりました

20 残りの5つも同じようにつなげます

21 B（紫）の角を8つ目のパーツの上に重ねます

22 重なりを広げ、折り線に沿ってたたみます

23 8つ目のパーツを22の中に入れ込みます

24 14と同じように折ります

25 折り線に沿ってたたみます

26 8つのパーツがつながりました

27 朝顔やお正月のリースの土台ができました

●リースの土台②

1 リースの土台①（p.14）を完成させます。裏返して内側を折ります

2 角を内側に入れ込みます

3 隣のパーツの角も 1 と同様に折り、内側に入れ込みます

4 すべてのパーツの角を内側に折り込みました

5 しめ縄やクリスマスリースの土台ができました

Introduction
覚えておきたい折り方

●人気の花（五角形の切り出し方）

1️⃣ 表を上にして半分に折ります。右上の角の重なりをめくり、右下の角に合わせます

2️⃣ 軽く折って印を付け、1️⃣の状態に戻します

3️⃣ 右上の角の重なりをめくり、2️⃣で付けた印に合わせて折ります

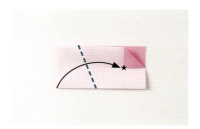

4️⃣ 左下の角を★に合わせて折ります

5️⃣ しっかりと折り線を付けます

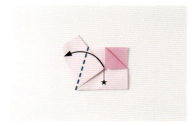

6️⃣ 5️⃣で折り上げた角（★）を左辺に合わせて折ります

7️⃣ しっかりと折り線を付けます

8️⃣ 下辺を7️⃣で折った辺に合わせて折ります

9️⃣ しっかりと折り線を付けます

🔟 裏返します

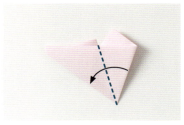

1️⃣1️⃣ 右辺を左辺に合わせて折ります

1️⃣2️⃣ 上部分を切ります

17

13 下をすべて開きます

14 五角形ができました

●人気の花（桃）

1 五角形ができました。谷折り線を山折りに変えます

2 山折りに変えたら裏返します

3 下の両角を★に合わせて折ります

4 しっかりと折り線を付けたら開きます

5 残りの4か所も、向きを変えながら同様に折ります

6 折り線が正しく付いているか確認し、折り線に沿ってたたみます

7 右下の角を立てるようにたたみます

8 立たせた角を左に倒し、折り線を付けます

9 残りの4か所もたたみます

Introduction
覚えておきたい折り方

10 折り線が正しく、しっかりついているか確認します

11 3～5で付けた中心の折り線の五角形と、6～8で付けた折り線をまとめながらたたみます

12 折り線がしっかりと付いていると、自然にまとまります

13 折り線に沿ってゆっくりと押しながら、たたんでいきます

14 すべてたためたら裏返します

15 角が90度になるように折ります

16 残りの4か所も同様に折ります

17 すべての角が折れました

18 17で折った角を開き、重なりを広げます。角の折り線を谷折りに変えます

19 谷折りに変えた角を中に折り込みます

20 裏側の折り線も谷折りに変え、折り線に沿って折り込みます

21 裏返したら下の重なりをめくり、★を中心に合わせます

19

22 内側にしっかりと折り線を付けます

23 残りの4か所も同様に、しっかりと折り線を付けます

24 折り線が正しく付いているか確認します

25 角をつまみながら、折り線に沿って内側にまとめていきます

26 上に倒しながら折っていきます

27 ★を持ち上げて、右隣の辺に合わせて折ります

28 残りの4か所も折ります

29 ★の重なりを広げます

30 竹串などで広げた中心を、しっかりと折り線を付けます

31 人気の桃ができました

●人気の花（梅）

1 基本の桃を折って裏返します

2 花弁の先を折り、しっかりと折り線を付けます

3 残りの4か所も同様に折ります

4 すべての花弁先を折りました

5 人気の梅ができました

●人気の花（桜）

1 基本の桃を折って裏返します

2 花弁の先を折り、しっかりと折り線を付けます

3 花弁の先の中心を、爪や竹串などで押しながら半分に折ります

4 人気の桜ができました

YouTubeもチェック!!

仕上げ方のコツ

以下のコツを守りながら折り紙を楽しむと、
より美しい作品を作ることができます。

1. **折り線をしっかり付ける**

   折り線がしっかりついていないと形が崩れやすくなります。
   角と角を正確に合わせて折り線をしっかり付けることが重要です。
   折り線をしっかり付けることで作品の形が安定し、美しく仕上がります。

2. **正確な折り方を守る**

   折り図や指示に従って、正確な折り方を守ってください。
   正しい折り方に従えば、作品が正確な形に仕上がります。
   少し高度な折り方も練習することで、より洗練された作品に仕上げることができます。

3. **細部への注意**

   作品の細部にも注意を払いましょう。
   特に複雑で細かい部分がある場合、丁寧な作業は必須。
   折り終わった後に、爪やピンセット、竹串などを活用して細かい部分を整えると、より美しい形に仕上げることができます。

chapter

春に折りたい花とリース

1

春といえば、お花の季節です。桜はもちろん、桃やチューリップ、ハナミズキなどさまざま。チャレンジしたいリースには、豪華な薔薇を選んでみました。

バラ
p.28

パンジー
p.40

桜
p.37

桃
p.46

ハナミズキ
p.49

チューリップ
p.32

バラのリース
p.53

chapter 1 春に折りたい花とリース

バラ

1枚の折り紙を使って折る、ぷっくりとした薔薇の花です。仕上げに花弁を膨らませることで、小さいながら存在感ある花に仕上がります。

◆紙サイズ　花：15cm×15cm
　　　　　　葉：15cm×7.5cm
◆完成サイズ目安　花：約6.3cm×6.3cm
　　　　　　　　　葉：7cm×8cm
◆使う道具　竹串、のり

●バラの花

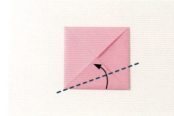

1 裏を上にして、座布団折り②B（p.13）を折ります。下辺を対角線に合わせて折り、しっかりと折り線を付けます

2 左辺を対角線に合わせて折り、しっかりと折り線を付けます

3 座布団折りの状態まで開き、左辺を対角線に合わせてたたみます。しっかりと折り線を付けます

4 上辺を対角線に合わせて折り、しっかりと折り線を付けます

5 上辺を対角線に合わせて折り、しっかりと折り線を付けます

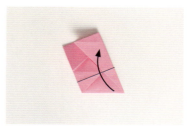

6 下辺を中心に合わせてたたみ、しっかりと折り線を付けます

chapter 1
春に折りたい花とリース

7 対角線に沿って縦横を折って開きます

8 右に90度回転させて左を開き、★を持ち上げます

9 重なりを開きます

10 折り線に沿って★を中に入れ込みます

11 上の折り線に沿ってさらに中に入れ込みます

12 折り線通りに中に入れ込んだら、★を下に倒します

13 ★を持ち上げます

14 21の★を下辺に合わせます

15 折り筋に沿ってたたみ、折り紙を付けます

16 向きを変えながら残りの2か所もたたみます

17 残りの1か所を持ち上げ、同様にたたみます

18 4か所すべてがたためました。★を上の折り線に合わせて折ります

29

19 残りの3か所も同様に折ります

20 すべての角を折りました

21 角を内側（花芯）に入れ込みます

22 角を1つ入れ込みました

23 すべての角を内側に入れ込みました

24 外側の重なりに指を入れて膨らませます

25 竹串などで内側も膨らませます

26 薔薇の花ができました

Good job! 完成 Complete

chapter 1
春に折りたい花とリース

●バラの葉

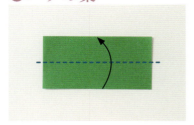

1 15cmの折り紙を半分に切り、表を上にします。半分に折ります

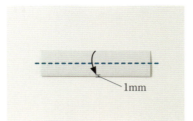

2 重なりをめくり、下に1mm程度隙間をあけて折ります

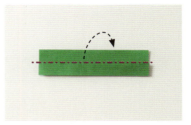

3 反対側も2の高さに合わせて後ろ側に折ります

4 重なりを開きます

5 右下の角を中心の折り線に合わせて折ります。残りの3か所も同様に折ります

6 中心を縦半分に後ろ側に折り、向きを変えます

7 重なりをめくり、左辺と下辺が合うように折ります

8 裏返します

9 重なりを中心に合わせて折ります

●花と葉を組み立てる

1 花と葉の表面を上にし、葉の根元にのりを付けます

2 花をのりに載せて乾かします。薔薇の花と葉ができました

花 　葉 　YouTubeもチェック!!

chapter 1 春に折りたい花とリース

チューリップ

茎と葉が付いた立体のチューリップです。赤や黄色の定番はもちろん、モノトーンやグラデーションがかかった折り紙でも素敵。春らしくカラフルに仕上げてください。

◆紙サイズ：花 15cm×15cm
　　　　　　茎 15cm×7.5cm
　　　　　　葉 15cm×7.5cm
◆完成サイズ目安：約 20cm×6cm
◆使う道具：竹串、のり、はさみ

● チューリップの花

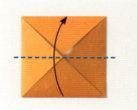

1 表を上にして座布団折り②（p.13）を折ります。横半分に折ります

2 開いて 90°回転させます

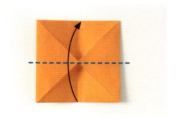

3 横半分に折ります

4 左右の★をつまみます

5 折り線に沿って縮めます

6 折り線に沿ってたたみます

chapter 1
春に折りたい花とリース

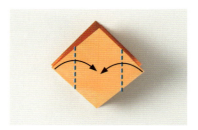

7 左右の角を、中心の折り線から少し離しております

8 反対側も後ろ側に折ります

9 7〜9で折った部分を開きます

10 ★の重なりを広げます

11 角の折り線を谷折りに変えながら、折り線に沿って内側に折り込みます

12 残りの3か所も同様に折り込みます

13 すべての花弁の角を折り込みました

14 花弁の側面を内側に折ります

15 残りの7か所も同様に折ります

16 すべての花弁の側面を内側に折り込みました

17 花の左右の根元をめくり、折ります

18 裏側の花の根元も後ろ側に折ります

19 花を広げます

20 花の内側に指を入れ、根元を平らに整えます

21 竹串などで花弁を内側にカールします

22 残りの3枚も同様にカールします

23 チューリップの花ができました

●チューリップの茎

1 15cmの折り紙を半分に切り、山折りで半分に折ります

2 1を開きます

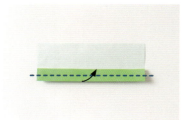
3 下辺を中心に合わせて折ったら、さらに3mm程度折ります

4 さらに3mm程度折ります

5 3mm程度ずつ折り続け、上辺を少し残します

6 上辺にのりを付けます

chapter 1 春に折りたい花とリース

7 のりを乾かします

8 形を筒状に整えます

●チューリップの葉

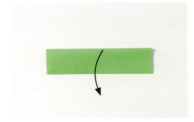
1 茎で切った残りの半分を半分に折り、開きます

2 中心の折り線に合わせて上下を折ります

3 右下の角を中心の折り線に合わせて折ります。残りの3か所も同様に折ります

4 右下の角を中心の折り線に合わせて折ります

5 残りの3か所も同様に折ります

6 右側の上下をさらに折ります

7 中心の折り線に沿って半分にたたみます

8 チューリップの葉ができました

35

●チューリップを組み立てる

1 花の根元(底)に竹串などで穴をあけます

2 茎を通します

3 茎の花側の先に、十字に切り込みを入れます

4 3の切り込みを広げます

5 切り込みの裏側(花側)にのりを付けます

6 花芯に接着させます

7 葉の根元にのりを付けます

8 茎に接着させました。チューリップができました

YouTubeもチェック!!

chapter
春に折りたい花とリース
1

桜

春の花の代表といえば、桜。入学式や卒業式などの花飾りにぴったりです。花芯にクラフトパンチを使えば、かんたんでかわいく仕上がります。

◆紙サイズ：花 15cm×7.5cm
　　　　　　花芯クラフトパンチのサイズ
◆完成サイズ目安：直径約 7.5cm
◆使う道具：のり、クラフトパンチ

● 桜の花

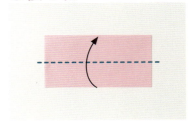

1　15cmの折り紙を半分にカットし、表を上にします。半分に折ります。

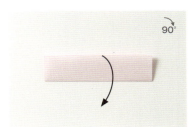

2　1を開いて90度回転させます

3　半分に折って開きます

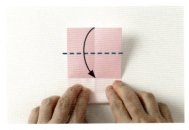

4　中心の折り線に合わせて上下を折ります

5　右下を写真のように切ります

6　左下を1つ上の折り線に合わせて折ります。裏返します

37

7 下の折り線に沿ってたたみます

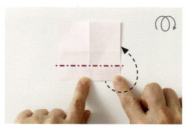
8 1つ上の折り線に合わせて山折りし、裏返します

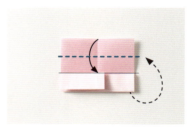
9 上辺を中心に合わせて折り、中心の折り線に沿って後ろ側にたたみます

10 中心の折り線に沿って、後ろ側にたたみます

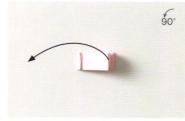
11 しっかりと折り線を付けたら開き、左に90度回転させます

12 曲線を下書きします

13 折り線に沿ってたたんではさみで切ります

14 すべて開きます

15 表面を上にし、下辺を一番下の折り線に合わせて折ります

16 裏返します

17 折り線に沿ってたたみ、裏返します

18 1つ上の折り線に合わせて折ります。裏返しながら繰り返します

chapter 1 春に折りたい花とリース

19 上辺まで蛇腹に折ったらすべて広げます

20 表面の中心に、一段おきにのりを付けます

21 折り線通りにたたんで中心を接着させます

22 裏面のすべての中心にものりを付け、接着させます

23 半分にたたみ、しっかりと折り線を付けます

24 花弁を広げ、中心の山折りを平らにします

25 すべての花弁の山折りを平らにし、花弁が離れている2か所にのりを付けます

26 クリップなどで固定して接着させます

27 クラフトパンチで花芯を作ります

28 花の中心にのりを付け、花芯を接着します。桜ができました

YouTubeもチェック!!

chapter 1
春に折りたい花とリース

パンジー

糊もハサミも使わずに作れるパンジーです。小さな紙で折ればビオラにもなるので、色とりどりの花を楽しんでください。模様を描くとより本物に近づきます。

◆紙サイズ：パンジー 7.5cm × 7.5cm ビオラ 5cm × 5cm
◆完成サイズ目安：パンジー約 4.5cm × 4cm ビオラ約 3cm × 2.5cm

● パンジーの花

1 表を上にして座布団折り③B（p.13）を折って開きます。下辺を中心に合わせて折ります

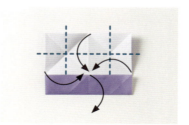

2 1を開き、残りの3か所も同様に開きながら折ります

3 ★をつまみ、十字の折り線を後ろ側にたたみます

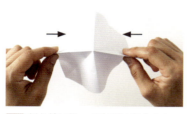

4 折り線に沿って内側に寄せます

5 折り線通りにたたんだら、上の角を中心に合わせて折ります

6 しっかりと折り筋を付けたらすべて開きます

7 内側のひし形の折り線を山折り、中心の折り線を谷折りに変えます

8 左右をつまみ、折り線を変えながらたたみます

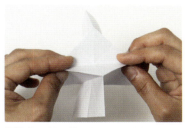

9 横の折り線を谷折りに変えます

10 たたんだら手前を左、奥を右に倒します

11 たたんだらしっかりと折り線を付けます

12 上側の重なりを手前に倒します

13 裏返します

14 写真と同じ向きに変えます

15 上側の重なりを手前に倒します

16 右上の角に指を入れて広げます

17 角を手前に倒し、右下の角に合わせます

18 しっかりと折り線を付けます

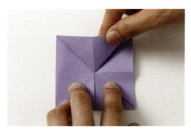

19 左上の角も、17と同様に角に指を入れ広げて折ります

20 19で折った逆三角形の右側を広げて★をつまみ、左の折り線に中心の折り線を合わせて折ります

21 右側も同様に折ります

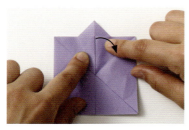

22 しっかりと折り線を付けたら、右側を倒します

23 倒した右の角を22で付けた折り線に合わせて折ります

24 折り線に沿って内側にたたみます

25 左側も同様に倒します

26 倒した左の角を23と同様に折ります

27 折り線に沿って内側にたたみます

28 ★を持ち上げます

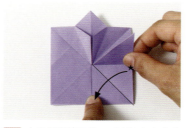

29 ★を折り線に沿って左にたたみます

30 28で持ち上げた★を下に倒します。右側に指を入れて広げ、横の折り線を上の折り線に合わせて折ります

chapter 1 春に折りたい花とリース

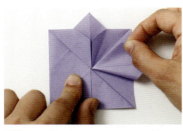

31 折り線を付けたら下側も同様に折ります

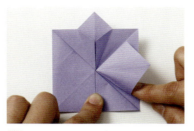

32 しっかりと折り線を付けます

33 左下に指を入れて広げ、内側を広げます。山折りを上の折り線に合わせて折ります

34 右側と同様に上下を折ります

35 しっかりと折り筋を付けます

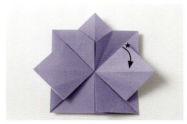

36 ★を起こして折り線に沿って手前に倒します

37 角を折り線に合わせて折ります

38 上にたたみます

39 左側も36〜38と同様に折ります

40 右下の内側に折り込まれた角（★）を引き出し、真下に移動させます

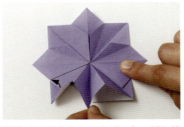

41 ★に指を入れて広げ、左の折り線に合わせて折ります

42 しっかりと折り線を付けたら、★に指を入れて広げます

43

43 右も 41 と同様に折ります

44 ★を折り線に沿って手前にたたみます

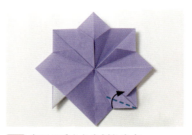

45 右下の重なりを折ります

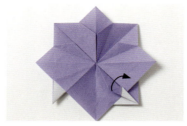

46 折り線に沿って上にたたみます

47 左側の重なりも同様に折り、上にたたみます

48 下側の左右を後ろ側に折ります

49 ★の内側の折り目を開きます

50 裏返します

51 ★を起こして手前に折ります

52 ★を起こして手間に折ります

53 左右が三角形になるように、折り線に沿ってたたみます

54 しっかりと折り線を付けます。★の重なりを手前に広げます

chapter 1
春に折りたい花とリース

55 内側に入れ込みます

56 すべての角を折り、裏返します

57 すべての折り目を確認て裏返します

58 パンジーの花ができました

YouTubeもチェック!!

45

chapter 1
春に折りたい花とリース

桃

細くて繊細な花芯が美しく、立体的な桃の花です。基本の花から作れるので、難しくありません。ぜひひな祭りなどの春の行事に活用してください。

◆紙サイズ：花　大 15cm×15cm
　　　　　　 中 10cm×10cm　小 7.5cm×7.5cm
　　　　花芯　大 7.5cm×7.5cm の1/8 (3.75cm×1.875cm)
　　　　　　 中 5cm×5cm の1/8　小 3.75cm×3.75cm の1/8
◆完成サイズ　大 直径約8cm　中 直径約5cm
　　　　　　 小 直径約4cm
◆使う道具：のり、はさみ、ピンセット、黄色のペン

● 桃の花

1 裏を上にして、人気の花（桃）の 14 (p.19) まで折ります。★と★を合わせて折って印を付けます

2 残りの4か所も印を付けたら裏返します

3 ★を手前に折ります

4 右側も同様に折ります

5 右下と左下も折ります

6 残りの1か所は、★を持ち上げて折ります

7 内側に折り込み、折り線を付けます

8 裏返します

9 内側の角の重なりを折ります

10 残りの4か所も同様に折ります

11 花弁の先端にしっかりと折り線を付けます

12 残りの4か所も同様に折ります

13 上の谷折りを開く

14 ★の重なりを開きます

15 開いたら内側にしっかりと折り線を付けます

16 起こした花弁の先端を折り線に沿って裏側にたたみます

17 花弁の先をたたみました

18 残りの4か所も同様に開き、先端をたたみます

47

19 すべての花弁を開きました

20 花弁の先端をとがらせるようにつまみ、形を整えます

21 桃の花弁ができました

●桃の花芯

1 紙を指定のサイズにカットし、上下の端の両面に色を塗ります。半分に折ります

2 なるべく細くハサミで切ります

3 根元にのりを付け、ピンセットなどで細く巻きます

4 先端を広げます。花芯ができました。

●花と花芯を組み立てる

1 花の中心にのりを付け、花芯を接着させます

2 桃の花ができました

YouTubeもチェック!!

chapter
春に折りたい花とリース
1

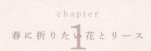

ハナミズキ

桜が終わる頃に花を咲かせるハナミズキ。初夏に咲く白やピンクの総苞が美しく、庭木としても人気。1枚で折れるので、いろいろなサイズで作ってみましょう。

◆紙サイズ：大 15cm×15cm　小 7.5cm×7.5cm
◆完成サイズ目安：大約 10.5cm×10.5cm
　　　　　　　　小約 5.3cm×5.3cm
◆使う道具：竹串

● ハナミズキの花（総苞）

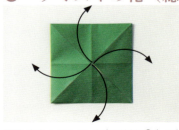

1 表を上にして、座布団折り③（p.13）を折り、すべて開きます

2 下辺を中心に合わせて折り、上辺も中心に合わせて折ります

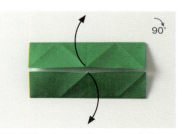

3 2を開き、90度回転させます

4 下辺を中心に合わせて折り、上辺も中心に合わせて折ります

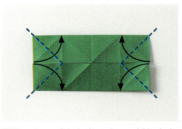

5 四隅の重なりをめくって折ります

6 折り線を付けたらすべて開きます

49

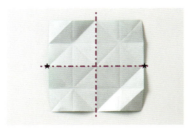

7 ★をつまみ、十字の折り線を山折りに変えます

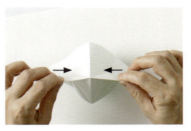

8 中心に寄せてたたみます

9 写真の向きに変え、下の角を中心に合わせて折ります。すべて開きます

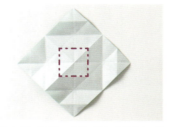

10 内側の四角の折り線を山折りに変えます

11 中心に寄せてたたみながら、中心の縦の折り線を谷折りに変えます

12 中心に寄せてたたみます

13 手前を左、奥を右に倒しし、上の重なりを手前に倒します

14 裏返します

15 下の重なりをめくります

16 右上の角に指を入れて広げ、★を下します

17 たたんだらしっかり折り線を付けます

18 残りの3か所も同様にたたみます。4か所目は最初に折った三角の下から出して折ります

chapter 1 春に折りたい花とリース

19 右下の角を持ち上げて、中心に合わせて折ります

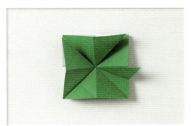
20 開いて戻します

21 20で折った谷折り山折に変え、重なりに指を入れて広げます

22 つぶしながらしっかりと折り線を付けます

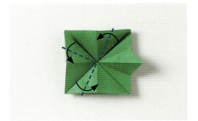
23 残りの3か所も20〜22と同様に折ります

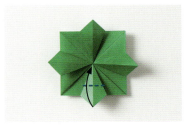
24 下の角を中心に合わせて折ります

25 下の左右を折り線に沿って内側にたたみます

26 上の左右を中心に合わせて折ります

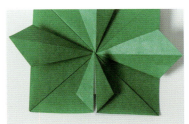
27 しっかりと折り線を付け、残りの3か所も同様に折ります

28 上の角を左右に折ります

29 ★を持ち上げて折り線に沿ってたたみます。残りの3か所も同様に折ってたたみます

30 裏返します

51

31 下辺の重なりを持ち上げ、中心に合わせて折ります

32 折り目を開きながら、残りの3か所も同様に折ります

33 すべての折り目を起こし、中心に寄せます

34 折り線通りにたたみます

35 ★を持ち上げ、上に倒して折ります

36 残りの3か所も同様に折ります

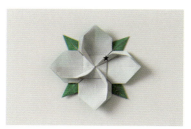

37 ★の隙間に竹串などを入れて広げ、内側にしっかりと折り線を付けます

38 他の3か所も同じように広げ、しっかりと折り線を付けます

39 裏返します

40 上の角を手前に折ります

41 角の中心を谷、左右を山折りします

42 ハナミズキができました

YouTubeもチェック!!

chapter 1
春に折りたい花とリース

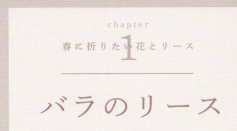

バラのリース

1枚で折る豪華な薔薇をあしらったリースです。少々難しく感じるかもしれませんが、美しく仕上がった時の達成感は格別です。ぜひチャレンジしてください。

◆紙サイズ：
　大　花 15cm×15cm 8枚　葉 15cm×7.5cm 4枚
　小　花 7.5cm×7.5cm 8枚　葉 7.5cm×3.75cm 4枚
◆完成サイズ目安：
　大　葉あり直径約25cm　葉なし直径約21cm
　小　葉あり直径約15cm　葉なし直径約12.5cm
◆使う道具：のり、竹串など

● バラの花

1 裏を上にして四角折り（p.11）をし、左に開きがくるように向きを変えます

2 上の重なりをめくって起こし、左の重なりに指を入れて広げます

3 中心の折り線が合うように、つぶしながら折ります

4 残りの3か所も同様に折ります

5 上の重なりを下し、右に90度回転させます

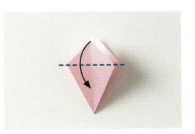

6 上の重なりをめくり、しっかりと折ります

7 左右の重なりをめくりながら、残りの3か所もしっかりと折ります 8

8 6〜7の折り目を残して開きます

9 四隅の折り目を後ろ側に折り、裏返します

10 下の左右の角を★に合わせて折って開きます

11 45度回転させ、10と同様に折って開きます

12 45度ずつ回転させながら、残りの6か所も同様に折ります

13 中心に8角形の折り線が付きます

14 角の線に沿ってたたみます

15 角を左に倒します

16 しっかりと折り線を付け、残りの7か所も同様に折って開きます

17 八角形の折り線を起こしながらたたみます

18 すべてたたんだら、しっかりと折り線を付けて裏返します

chapter 1
春に折りたい花とリース

19 角を指で押しながら折り線に沿って中に折り込みます。しっかりと折り線を付けます

20 内側にたたまれました。★の折り線を谷に変えます

21 手前の角（20★）を折り線に沿って中に折り込みます

22 折り線に沿って内側にたたまれました

23 左の重なりをめくり、中心の折り線に合わせて折ります

24 上の重なりをめくり、同様に折ります

25 右の重なりをめくり、同様に折ります

26 23〜26を開きます

27 26を1番目にして、残りの4か所も同様に折ります

28 24〜25で折った部分を、折り線に沿って折り込みます

29 最後の角を折り込みました

30 竹串などで、外側のすべての角にカールを付けます

55

31 竹串などで内側を持ち上げます

32 同じものを8つ作ります

●バラの葉

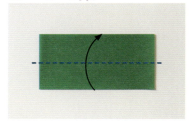

1 15cmの折り紙を半分にカットして表面を上にします。半分に折ります

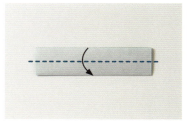

2 上の重なりをめくって折ります

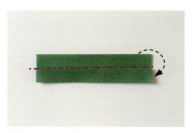

3 反対側も2の高さに合わせて後ろ側に折ります

4 左右の角をめくり、角を下辺に合わせて折ります

5 反対側の左右の角も、後ろ側に折ります

6 上の重なりを開き、90度回転させます

7 上下の角を合わせて折ります

8 右下の角を左辺に合わせて折ります

9 しっかりと折り線を付けたら、7の状態まで開いて裏返します

chapter 1 春に折りたい花とリース

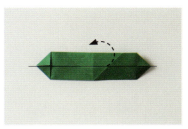

10 横の折り線に沿って後ろ側にたたみます

11 8で付けた折り線に沿ってたたみ、しっかりと折り線を付けます

12 ★を持ち上げて2mm程折ります

13 12と同じ幅で折ります

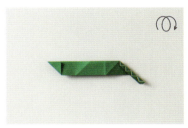

14 同じ幅で蛇腹に折り、裏返します

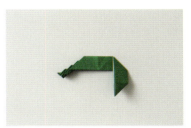

15 13〜14と同様に蛇腹に折ります

16 7の状態まで開きます

17 中心の折り線に沿ってたたみます

18 重なりをめくり、折り線に沿って起こします。裏返します

19 左の重なりをめくり、中心の折り線に合わせて折ります

20 同じものを4つ作ります

57

● 花と葉の組み立て

1 中に折り込んだ部分を1か所ずつ引き出し、のりを付けます

2 引き出した部分同士を接着させます。角を3か所開けて残りの6つもつなげます

3 すべてのバラをつなげ、のりが乾いたら葉の根元にのりを付けます

4 裏側に接着させます

5 バラのリースができました

YouTubeもチェック!!

夏に折りたい花とリース

ひまわりやハイビスカスなどのカラフルで夏らしい作品から、あじさいや朝顔の涼しげなものまでご紹介します。番外編には七夕飾りも用意したので、夏にぴったりな折り紙を楽しんでください。

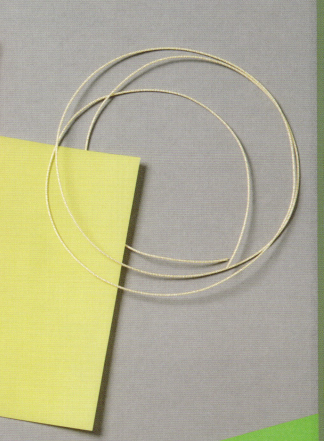

ひまわり
p.64

マーガレット
p.80

ダリア
p.75

ハイビスカス
p.67

あじさい
p.82

朝顔のリース
p.86

chapter 2 夏に折りたい花とリース

ひまわり

太陽の下で元気に咲くひまわり。気持ちを明るくするこの花の花言葉は「あなたを見つめる」だそう。鮮やかな色彩とポジティブなイメージなのでプレゼントにもぴったりです。

◆紙サイズ：花　大 15cm×15cm　小 7.5cm×7.5cm
　　　　　　　各8枚
　　　　　　花芯　大 15cm×15cm　小 7.5cm×7.5cm
◆完成サイズ目安：大直径約18　小直径約9cm

● ひまわりの花

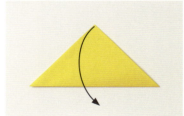

1 裏を上にして三角に折り、一度開いて反対側も三角に折ります

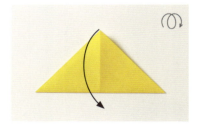

2 開いて表が上になるように返し、横半分に折ります

3 一度開いて向きを変えて横半分に折ります

4 開きます

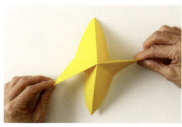

5 角をつまみ、対角線の折り線を中心に寄せてたたみます

6 たたんだら、左右を中心に合わせて折ります

chapter 2
夏に折りたい花とリース

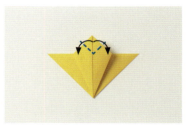
7 上の左右の角を折ります

8 右の折り目を開きます

9 重なりに指を入れて広げます

10 中心の折り目を谷折りに変えます

11 折り線に沿って中にたたみます。左側の角も同様にたたみます

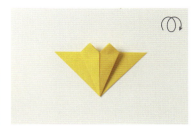
12 裏返します

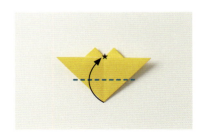
13 下の角を★に合わせて折ります

14 同じものを8つ作り、裏返します

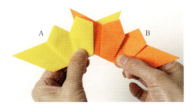
15 表を上にして、Aの重なりにBを差し込みます。裏側はBの重なりにAを差し込みます

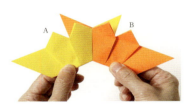
16 つなぎ目がぴったりと合うように差し込みます

17 Bの角を、Aの重なりの内側に折り込みます

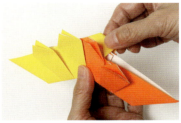
18 Aの角を、Bの重なりの内側（手前側）に折り込みます。同様に残りの6枚を組み立てます

65

19 最後の1枚も同様に左側を差し込み、右側は最初の1枚目（⑮A）を下に重ねて差し込みます

20 角を入れ込みます

21 花弁を組み立てました

● ひまわりの花芯

1 裏を上にして半分に折り、さらに半分に折ります

2 さらに半分に折ります

3 すべて開いて90度回転させます

4 裏を上にして半分に折り、さらに半分に折ります

5 さらに半分に谷折りします

6 すべて開きます

● 花と花芯の組み立て

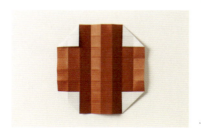

7 表を上にして、四隅を折ります

1 折った花芯の角を、花弁の重なりに差し込みます

2 ひまわりの花ができました

YouTubeもチェック!!

chapter
夏に折りたい花とリース
2

chapter
夏に折りたい花とリース
2

ハイビスカス

南国のシンボル、ハイビスカスは次々と花を咲かせますが、花の寿命はわずか1日程度。赤のほか、白や黄色、ピンクなど夏らしい色を選んで、夏の花飾りにしてみては？

◆紙サイズ：花 15cm×15cm　花芯 7.5cm×7.5cm
　　　　　　ガク 7.5cm×7.5cm　葉 7.5cm×7.5cm
　　　　　　茎 15cm×7.5cm
◆完成サイズ目安：約 24cm×10cm
◆使う道具：竹串、ハサミ、のり

● ハイビスカスの花

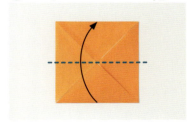

1 表を上にして、座布団折り②（p.11）を折ります。半分に折ります

2 一度開いて向きを変え、反対側も半分に折ります

3 開きを上にして、下の左右の角（★）をつまみます

4 折り線に沿って内側に寄せ、たたみます

5 上の角の重なりをめくり、手前に折ります

6 右の重なりをめくりながら、ほかの2か所も同様に折ります

67

7 残りの1か所も折ります

8 折った角を開き、①の座布団折りの状態まで広げます

9 角を開き、左右の折り線に沿ってたたみます

10 折り線を谷に変え、内側にたたみます

11 しっかりと折り線を付け、残りの3か所も同様にたたみます

12 8の状態に戻します

13 右の重なりをめくり、中心の折り線に合わせて折ります

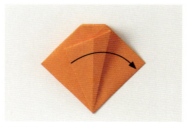
14 13で付けた折り線を、中心に合わせて折り、開きます

15 右辺を13で付けた折り線に合わせて折ります

16 開きます

17 右の角を16で付けた折り線に合わせて折ります。残りの3か所も13〜17と同様に折ります

18 写真のように開きます

chapter 2 夏に折りたい花とリース

19 花の中心の凹凸を逆にして、裏返しします

20 17で折った部分を折り線に沿って後ろ側にたたみます

21 後ろに折り込みます

22 残りの3か所も折り込みました

23 花の中心に指を入れ、平らにします

24 底が平らになりました

25 竹串などで花弁の先端をカールします

26 ハイビスカスの花ができました

● ハイビスカスの花芯

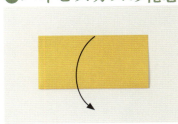
1 裏面を上にして半分に折って開きます

2 下辺を中心に合わせて折って、左に90度回転させます

3 裏返して半分に折ります

4 黄色の部分をできるだけ細くハサミで切ります

5 開きます

6 竹串などをカットした部分に入れ、開きます

7 上辺にのりを付けます

8 中心の折り線に合わせて接着させ、乾かします。左に90度回転させます

9 右上の角から竹串などに紙を巻き付けていきます

10 すべての花芯を巻き付けます

11 花芯の根元にのりを載せ、接着します

12 花芯ができました

13 花と花芯を組み立てます

14 竹串などで花の中心に穴を空けます

15 花芯を通します

16 ハイビスカスの花ができました

●ハイビスカスのガク

1 裏面を上にして、四角折り（p.9）を折ります。開きを下にし、左右を中心に合わせて折ります

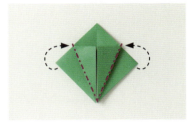

2 反対側も後ろ側に折ります

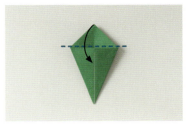

3 上の角を手前に折ります

4 1の状態まで開きます

5 下の重なりを持ち上げ、折り線に沿ってたたみます

6 反対側も同じようにたたみ、上の重なりを下します

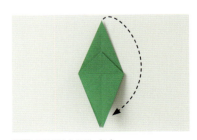

7 反対側も下します

8 上下を逆にします

9 右の角を中心に合わせて折り、残りの3か所も同時に折ります。折った内側にのりを載せ、接着します

10 接着した側の角をハサミで切ります

11 ガクを広げ、竹串などでカールします

12 ハイビスカスのガクができました

●ハイビスカスの茎

 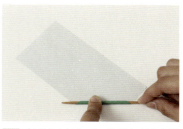 

1 15cmの折り紙を半分に切ります

2 裏面を上にして、竹串などを左下の角から巻き付けます

3 巻き終わりにのりを載せて接着します

 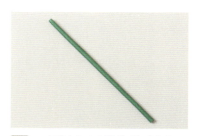

4 先端を平らに切ります

5 ハイビスカスの茎ができました

●ハイビスカスの葉

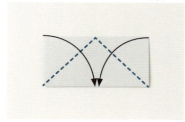 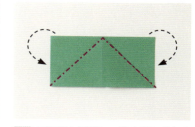 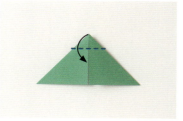

1 表を上にして半分に折り、左右の重なりをめくり、下辺に合わせて折ります

2 反対側も同様に、後ろ側に折ります

3 上の角の重なりをめくり、手前に折ります

chapter
夏に折りたい花とリース 2

4 反対側も 3 の高さと合わせて折ります

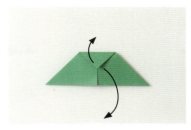

5 開きます

6 中心の内側4か所と、上下の角の内側にのりを付けて接着させ、裏返します

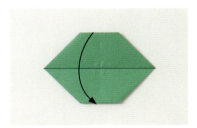

7 中心の折り線に沿ってたたみます

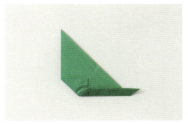

8 写真のように向きを変え、下辺を折ります

9 裏返して 8 と同じ幅で折ります

10 8〜9 を繰り返して上まで蛇腹に折ります

11 蛇腹を広げ、上辺を中心から斜めに折ります。折った内側に接着し、開きます

12 ハイビスカスの葉ができました

73

●組み立て

1 花、ガク、茎、葉を用意します

2 茎の先端に切り込みを入れます

3 切り込みを開きます

4 切り込みの裏側にのりを付け、ガクに通します

5 ガクの内側に接着させます

6 葉の根元にのりを付け、茎に接着します

7 ガクの内側にのりを付け、花を接着します

8 ハイビスカスができました

花　　葉・ガク

YouTubeもチェック!!

chapter 2
夏に折りたい花とリース

chapter 2
夏に折りたい花とリース

ダリア

"花の王様"と称される、エレガントなダリア。デコラティブな花弁が豪華で「華麗」という花言葉にぴったりです。プレゼントに添えれば、より華やかなイメージに。

◆紙サイズ：大 15cm×15cm　小 7.5cm×7.5cm
◆完成サイズ目安：大直径約 8cm
　　　　　　　　 小直径約 4cm

●ダリアの花

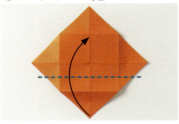

1 裏を上にして座布団折り①B（p.12）を折ります。すべて開いて表を上にし、下の角を1番上の折り線に合わせて折ります

2 開きます

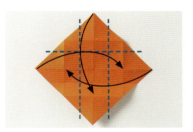

3 残りの3か所も同様に折ります

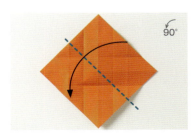

4 90度回転させ、半分に折ったらしっかり折り線を付けます

5 下辺をめくって上辺に合わせて折り、しっかりと折り線を付けます

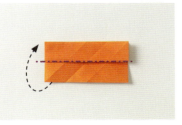

6 反対側も同様に、後ろ側に折ります

75

7 すべて開きます

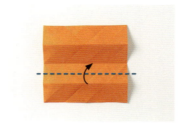

8 下の折り線を中心に合わせて折ります

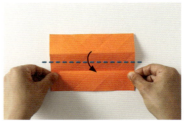

9 上の折り線も中心に合わせて折ります

10 裏側からもしっかりと折り線を付け、90度回転させます

11 右の重なりを折り線に沿って開きます

12 左の重なりも折り線に沿って開きます

13 裏側のふくらみを指で押しながら、へこませます

14 左右の谷折り線に沿ってたたみ、折り線を付けます

15 上下を逆にして反対側も同じようにたたみます

16 右上の角を持ち上げ、折り線に沿ってたたみます

17 残りの3か所も同様にたたみます

18 右上の重なりを手前に起こします

76

chapter 2
夏に折りたい花とリース

19 内側の重なりに指を入れて広げ、★を中心に合わせます

20 しっかりと折り線を付けます

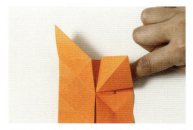

21 20で起こした角に指を入れて広げます

22 折り線に沿ってたたみ、折り線を付けます。右下も同様に折ります

23 残りの2か所も同様に折ります

24 裏返します

25 裏側からしっかり折り線を付け、表に返します

26 右上の重なりの角を中心に合わせて折ります。反対側の角も折ります

27 26で折った部分を開きます

28 重なりを開き、26で付けた折り目に沿って内側にたたみます

29 反対側も同様に内側にたたみます

30 残りの3か所も26〜29と同様に折ってたたみます

77

31 裏返します

32 上の角を手前に折ります

33 右上の重なりをめくります

34 角を折ります

35 **34**でめくった重なりを戻し、左上の重なりをめくります

36 角を折ります

37 めくった重なりを戻します

38 残りの3か所も**32**〜**37**と同様に折ります

39 表に返します

40 右上の左右の重なりをめくり、中心に合わせて折ります

41 残りの3か所も同様に折ります

42 上を折り線に沿って後ろ側にたたみます

78

chapter 2 夏に折りたい花とリース

43 残りの3か所も同様にたたみます

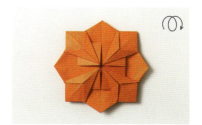

44 裏返します

45 しっかりと折り線を付け、表に返します

46 中心の角をめくって折ります

47 さらに中心の角をめくって折ります

48 残りの3か所も同様に折ります

49 ダリアの花ができました

YouTubeもチェック!!

79

chapter 2 夏に折りたい花とリース

マーガレット

恋占いに使われる、女性らしい印象のマーガレットです。折り方は途中までひまわりと同じ。花芯がなくても十分かわいく仕上がります。

◆紙サイズ：花 7.5cm×7.5cm 8枚
　　　　　　花芯 15cm×3.75cm
◆完成サイズ目安：直径約 9.5cm
◆使う道具：ハサミ、のり

● マーガレットの花

1 ひまわりの**12**（p.65）まで折ります。左右の角を手前に折ります

2 同じものを8つ作ります

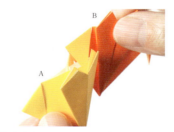

3 表を上にして、Aの重なりにBを差し込みます

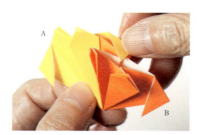

4 つなぎ目がぴったりと合うように差し込み、Aの角を、Bの重なりの内側に折り込みます

5 残りの5枚も同様につなげます

6 最後は下に重なっている花弁を上にして組み立てます

chapter 2
夏に折りたい花とリース

7 マーガレットの花ができました

●マーガレットの花芯

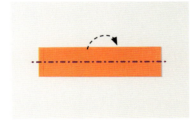

1 指定通りのサイズに紙を切ります。半分に折ってしっかりと折り線を付けて開きます

2 裏を上にして、上下を中心の折り線に合わせて折ります。中心の折り線に沿ってたたみます

3 縦半分に折ります

4 開き側をできるだけ細くハサミで切ります

5 ピンセットなどで巻きつけ、のりで接着します

6 花芯を指で広げます

●花と花芯の組み立て

7 マーガレットの花芯ができました

1 花の中心にのりを付け、花芯を接着させます。マーガレットができました

Good job! 完成 Complete

YouTubeもチェック!!

81

chapter 2 夏に折りたい花とリース

あじさい

梅雨の季節を彩るあじさいは、青や紫、ピンク白などさまざまな色が楽しめます。折り紙で作る本物そっくりな立体のあじさいは、6月の飾りにぴったりです。

◆紙サイズ：花 7.5cm×7.5cm 15枚
　　　　　　ベース 15cm×15cm
◆完成サイズ目安：直径約13cm　高さ約7cm
◆使う道具：のり又は両面テープ

● あじさいの花

1 裏を上にして、パンジーの **16** (p.41) まで折ります（パンジーと表裏が逆）。45度回転させて向きを変えます

2 下の角の重なりをめくり、中心に合わせて折ります。残りの3か所も同様に折ります

3 **2** をすべて開きます

4 中心の内側にのりを付けて接着したら、裏返します

5 下の重なりをめくり、中心に合わせて折り、しっかりと折り線を付けます

6 残りの3か所も同様に折り線を付けます

chapter 2 夏に折りたい花とリース

7 四角の折り線が付きました。座布団折りで付けた折り線に沿って、★を中心に合わせます。逆三角形になるように左右を折ります

8 残りの3か所も同様に折ります

9 しっかりと折り線を付けたら、中心を少し開きます

10 中心にのりを付けます

11 同じものを15個作ります

● あじさいのベース

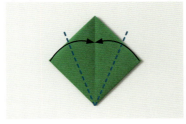

1 裏を上にして、四角折り（p.9）を折ります。開きを上に向け、左右の重なりを中心に合わせて折ります

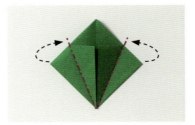

2 反対側も同様に、後ろ側に折ります

3 しっかりと折り線を付けたら、1〜2を開きます

4 右の重なりに指を入れて広げ、手前の谷折り線を山折りに変えます

5 中心の山折り線を谷折りに変え、内側に折り込みます。残りの3か所も、めくりながら内側に折り込みます

6 左右の角を中心に合わせて折ります

83

7 左右をめくりながら、残りの3か所も同様に折ります

8 右の重なりの1枚を左に、裏側の左の1枚を右に倒します

9 下の角を★に合わせて折ります

10 しっかりと折り線を付けたら開きます

11 下の角を10で付けた折り線の中心に合わせてしっかりと折り、開きます

12 11で付けた折り線を軸に、左の重なりを1枚めくって折ります。残りの3か所も重なりをめくりながら折ります

13 右の重なりの1枚を左に、裏側の左の1枚を右に倒します

14 上の角の重なりをめくり、手前に折ります。残りの3か所も同様に折ります

15 開きから指を入れて広げます

16 四隅を倒します。あじさいのベースができました

84

●花とベースの組み立て

1 ベースの形を整えます

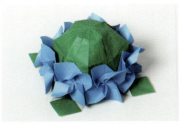

2 花の裏側にのりを付け、ベースの下の段に一周、花を8つ接着します

3 真ん中の段に、花を6つ接着します

4 残りの1つをベースの中心に接着します。あじさいができました

YouTubeもチェック!!

chapter 2
夏に折りたい花とリース

朝顔のリース

幼いころからなじみのある朝顔を、つぼみやツルも付いたリースにしましょう。涼しげな色をいくつか選んで、夏の飾りに活用してください。

◆紙サイズ：花や葉は好みの数で作ってください
　花 15cm×15cm　葉 7.5cm×7.5cm
　つぼみ 7.5cm×7.5cm　ガク 3.75cm×3.75cm（7.5cmの1/4）
　ツル 7.5cm×0.9375cm（7.5cmの1/4）
　リース 7.5cm×7.5cm　8枚
◆完成サイズ目安：約17.5cm×20cm
◆使う道具：のり、竹串

●朝顔の花

1 ハイビスカスの⓫（p.68）まで折ります。内側に折り込んだ三角の角（★）を軸に折ります

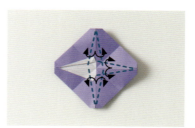

2 残りの3か所も同様に折ります

3 十字の谷折り線に沿ってたたみます

4 しっかりと折り線を付けます

5 ★をつまみます

6 折り線に沿って内側に寄せてたたみます

chapter
夏に折りたい花とリース 2

7 右側の重なりを中心に合わせて
しっかりと折ります

8 7を開きます

9 右の角を7で付けた折り線に合わ
せてしっかりと折ります。7の状
態までたたみます

10 左右をめくりながら同様に折りま
す。右の角を開きます

11 のりを付けて角を接着します

12 さらにのりを付けて接着します

13 残りの3か所にものりを付けて接
着し、クリップなどで固定して乾
かします

14 花弁をめくり、下辺を★と★を結
ぶ線に合わせて折ります

15 しっかりと折り線を付けます

16 残りの3か所も同様に折り線を付
けます

17 花弁の形を整えます

18 裏返し、平らな所で花弁を広げて
しっかりと折り線を付けます

87

19 花弁の先を竹串などでカールします

20 朝顔の花ができました

●朝顔のつぼみ

 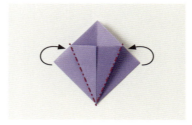 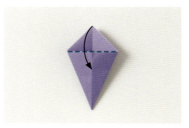

1 裏を上にして、四角折り（p.9）をします。開きを上にし、左右を中心に合わせて折ります

2 反対側も同様に折ります

3 開きをまとめて手前に折り、すべて開きます

 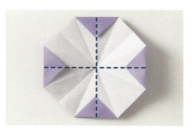 

4 3の折り線に沿って四隅をたたみます

5 四隅の中心の折り線を谷折りに変えます

6 折り線に沿ってたたみます

7 山・谷を繰り返して蛇腹にたたんでいきます

8 すべての折り線をたたんだら、半分にたたみます

9 先端★をつまみます

chapter 2 夏に折りたい花とリース

10 先端をつまんだまま、1回ねじります

11 さらにねじります

12 しっかりと押さえながら、形を整えます

13 あさがおのつぼみができました

● 朝顔のガク

1 指定通りのサイズに切り、裏を上にして座布団折り②（p.11）を折ります

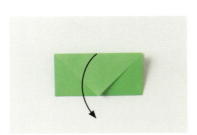
2 裏返して半分に折って開きます

3 反対側も半分に折ります

4 左右をつまんで折り線に沿って内側に寄せます

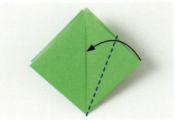
5 折り線に沿ってたたんだら、右の角を中心に合わせます

6 左右をめくりながら、あと2か所も同様に折ります

89

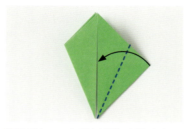

7 残りの1か所も同様に折ります

8 座布団折りの状態まで開きます

9 中心をへこませます

10 凹凸を逆にします

11 写真の部分にのりを付けます

12 たたんで接着させます

13 12 で接着した裏側にものりを付け、接着します

14 残りの3か所も同様にのりを付けて接着します

15 クリップなどで固定して乾かします

16 朝顔のガクができました

90

●朝顔の葉

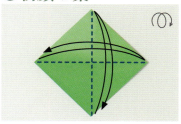

1 表を上にして、縦横に三角の折り線を付けて開きます。裏返します

2 左右の辺を中心の折り線に合わせて少しすき間を開けて折ります

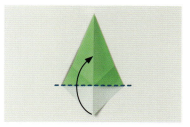

3 下の角を折った辺に合わせて折ります

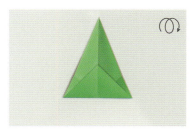

4 裏返します

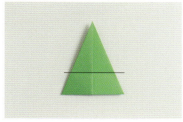

5 折り線に沿ってたたみます

6 裏返します

7 下の角を折った辺に合わせて折ります

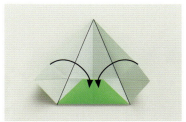

8 写真の状態まで開きます。左右を折り線に沿ってたたみます

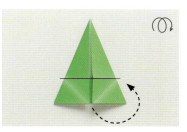

9 折り線に沿ってたたんで裏返します

10 左右の角を折ります

11 表に返します

12 朝顔の葉ができました

●朝顔のツル

1 指定通りに紙を切り、下辺を3分の1の幅で折ります

2 上辺も折ります

3 竹串などに巻き付けます。あさがおのツルができました

●リースの組み立て

1 花とつぼみをガクに接着します

2 リースの土台①（p.12）を折り、配置を決めます

3 各パーツにのりを付けて接着します。朝顔のリースができました

YouTubeもチェック!!

chapter 2
夏に折りたい花とリース

七夕飾り

かわいらしいフラワーボールが付いた七夕飾りです。吹き流しは織姫を象徴するもの。短冊とともにカラフルな吹き流しで七夕を楽しんでください。

◆紙サイズ：くす玉 7.5cm×7.5cm　16枚
　　　　　吹き流し 15cm×15cm
　　　　　ストラップ 7.5cm×1.875cm
　　　　　（7.5cmの1/4分の幅　3枚）
◆完成サイズ目安：約23cm　くす玉直径約8cm
◆使う道具：のり、ハサミ、クラフトパンチ

● 七夕飾りのくす玉

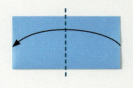

1 裏を上にして半分に折ります。さらに半分に折ります

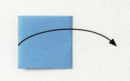

2 開きます

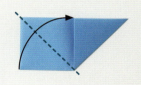

3 右下の角を上辺の中心に合わせて折ります。左下の角も同様に折ります

4 上辺の中心の角をめくり、左右の辺に合わせて折ります

5 裏返します

6 右辺を中心に合わせて折ります。左辺も同様に折ります

7 中心を縦半分に、後ろ側に折ります

8 写真のように切り取り線を描きます

9 ハサミで切ります

10 同じものを4つ折ります

11 1つは裏が上になるように、残りの3つは表面が上のまま軽く広げます

12 表を上にしたパーツの先端にのりを付け、裏を上にしたパーツの内側に接着します

13 残りの2つのパーツもバランスよく接着します

14 くす玉の4分の1ができました

15 好みの色で14を4つ作ります

16 パーツの先端にのりを付け、2つを接着します

17 残りの2つも同様に接着します

18 2つをのりで接着します

chapter 2
夏に折りたい花とリース

●七夕飾りの吹き流し

1 表面を上にし、右半分を軽く折って印を付けます

2 下辺を中心に合わせて折り、開きます

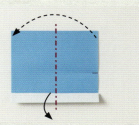

3 下辺を1つ上の折り線に合わせて折り、開きます。縦半分に折ります

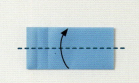

4 左に折り線がくるように向きを変え、半分に折ります

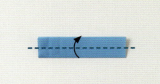

5 さらに半分に折り、しっかりと折り線を付けます

6 開きが下にくるように向きを変えます

7 下辺の重なりをめくって上辺に合わせて折ります

8 6の谷折りを開き、下辺を中心に合わせて折ります。しっかりと折り線を付けます

9 2〜3で付けた折り線が上にくるように向きを変えます

10 左右の角を丸く切ったら、すべて開きます

11 一番上の横の折り線と、右から4本めの折り線を切ります

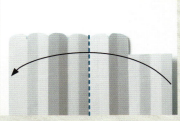

12 縦の中心の折り線に沿って半分にたたみ、さらに半分にたたみます

95

13 3枚重なった状態で、クラフトパンチで穴をあけます

14 表を上にしてすべて広げたら、一番上の折り線をたたみます。折り線に沿って8分の1の幅までたたみます

15 中心の折り線に沿って、一番上の折り線までまとめて切ります。さらに4分の1、2分の1で開き、それぞれの中心を切ります

16 すべて開いて中心を切ります

17 筒状にし、11で切った部分にのりを付けて端に差し込みます

18 吹き流しができました

●七夕飾りのストラップ

1 7.5cmの折り紙を四等分します

2 下辺を3分の1の幅で折ります。上辺も同様に折ります

3 のりで接着します

4 同じものを3つ折り、そのうちの1つは5cmで切ります。ペンなどでカールを付けます

chapter 2
夏に折りたい花とリース

●飾りの組み立て

1 7.5cmのストラップの両端にのりを載せ、吹き流しの内側に接着します

2 1で付けたストラップに5cmのストラップを通し、つなぎ目を接着します

3 くす玉の中心に7cmのストラップ、反対側の中心に2で付けた5cmのストラップを接着します

4 七夕飾りができました

YouTubeもチェック!!

97

色合わせのコツ

折り紙の色合わせは、作品の美しさや完成度を高めるために重要な要素の一つです。
適切な色合わせをすることで、作品の美しさや表現力を向上させることができます。
季節や雰囲気に合わせて色を選びます。春には明るく華やかな色、秋には温かみのある色、クリスマスには赤と緑など、季節やイベントの雰囲気に合った色合わせが効果的です。
一度の試行では理想的な組み合わせが見つからないこともあります。
色合わせは主観的な要素が多いため、実際に折り紙を使って色を試し、練習することが重要です。
頭の中では良い組み合わせと思っても実際に組み合わせるとイメージと違っていたりもします。
何度も試行錯誤して、作品に合った色合わせを見つけましょう。
折り紙の色の組み合わせを楽しんでください。

chapter

3

秋に折りたい折り紙

秋を象徴するコスモスや菊をご紹
介します。色鮮やかなガーベラや
和の風情漂う桔梗も素敵。豪華な
立体の菊もコスモスのリースも、
飾りたくなる存在感です。

菊
p.104

ガーベラ
p.112

桔梗
p.107

立体の菊
p.116

chapter 3 秋に折りたい花とリース

菊

8枚の折り紙で、道具なしで作れる菊の花です。古くから高貴な花として位置付けられ、紋章にも使われています。大切な人への贈り物にも喜ばれるでしょう。

◆紙サイズ：花 7.5cm×7.5cm　8枚
　　　　　葉 7.5cm×7.5cm
◆完成サイズ目安：直径約 11 cm

● 菊の花

1 裏を上にして「ひまわり」の⑦（p.65）まで折ります。右を開きます

2 手前の折り線を山、中心を谷に変え、内側に折り込みます

3 左も同様に内側に折り込みます

4 左右の辺を中心に合わせて折ります

5 4を開きます

6 重なりをめくり、4で付けた折り線でできた左右の角に合わせて折ります

chapter
秋に折りたい花とリース 3

7 上の左右を折り線に沿ってたたみ、下の左右は中心に合わせて折ります

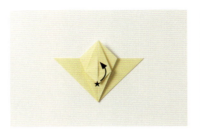
8 ★を起こします

9 内側の左右をめくり、中心に合わせて折ります

10 ★を左右の辺に合わせて折ります

11 同じものを8つ作ります

12 表を上にして、Aの重なりにBの左角を差し込みます。つなぎ目がぴったりと合うように差し込みます（p.80参照）

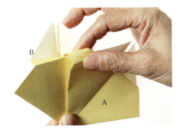
13 Aの角を後ろから、Bの重なりの内側に折り込みます

14 残りの6枚も同様に折り込みます。菊の花ができました

● 菊の葉

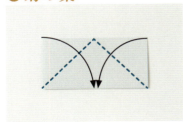
1 表を上にして半分に折り、左右の重なりをめくり、下辺に合わせて折ります

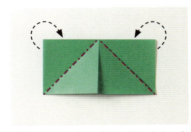
2 表を上にして半分に折ります。左右の重なりをめくり、下辺に合わせて折ります、反対側も後ろ側に折ります

3 左の重なりをめくって折り、裏返します

105

4 3と同様に右を折ります

5 裏返して写真の向きに変え、下辺を折ります

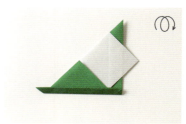

6 裏返します

7 6と同じ幅で下辺を折ります

8 表裏を返しながら蛇腹に折り、広げます

9 下辺の重なりをめくり、右の角を軸に折ります。反対側も後ろ側に折ります

10 上の角を軸に、右辺を折ります

11 左下の角をめくって広げます

12 菊の葉ができました

●花と葉の組み立て

1 花と葉を裏返し、葉の根元にのりを付けます

2 花の内側に葉を差し込み、接着します

3 菊ができました

YouTubeもチェック!!

chapter **3** 秋に折りたい花とリース

桔梗

桔梗は、万葉の時代から親しまれている、秋の七草です。自生ではほとんど見られなくなった貴重なお花を、ぜひ折り紙で再現してください。

- ◆紙サイズ：花 7.5cm×7.5cm
  - ガク 3.75cm×3.75cm
  - 葉 3.75cm×3.75cm
  - 茎 7.5cm×15cm
- ◆完成サイズ目安：約 5.5cm×17cm
- ◆使う道具：竹串、ハサミ、のり

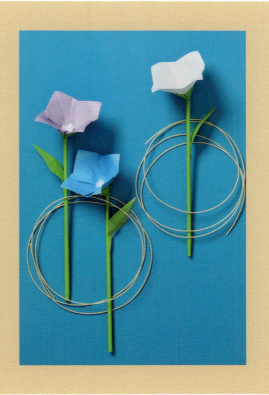

●桔梗の花

1 裏を上にして、座布団折り②B（p.11）を折ります。中心を4か所折ります

2 後ろ側に半分に折ります

3 一度開いて、反対側も半分に折ります

4 ★をつまみます

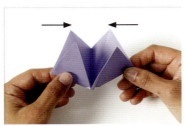

5 内側に寄せてたたみます

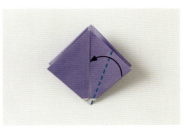

6 右の重なりをめくり、中心に合わせて折ります

7 6を開きます

8 下の白と紫の境を軸に、右の角を6で折った折り線に合わせ折って開きます

9 右の角を、8で付けた折り線に合わせて折ります

10 8の状態までたたみます

11 左右の重なりをめくりながら、残りの3か所も同様に折ります

12 折り目を開きます

13 中心の凹凸を逆にします

14 辺の中心を折り目に沿ってたたみます

15 9で付けた折り線を、後ろ側にたたみます

16 残りの3か所も同様にたたみます

17 4か所たためました

18 指を入れて中心を平らにします

chapter 3 秋に折りたい花とリース

19 裏返して中心が平らになっているか確認します

20 竹串などで花弁の先にカールを付けます

21 桔梗の花ができました

● 桔梗の葉

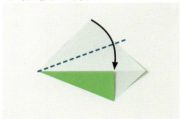

1 表を上にして三角に折って開きます。裏を上にして下を折り線に合わせて折ります。上も同様に折ります

2 反対側の上下も同様に折ります

3 折り線に沿って後ろ側にたたみます

4 下辺を折ります

5 凹凸を逆にし、浮いている重なりをのりで接着します

6 凹凸を逆にします

7 桔梗の葉ができました

109

●桔梗のガク

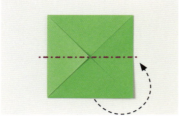

1 裏を上にして、座布団折り②B（p.13）をし、後ろ側に折ります

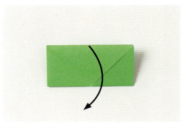

2 一度開いて、反対側も半分に折ります

3 ★をつまみます

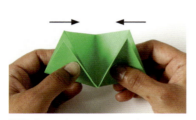

4 内側に寄せてたたみます

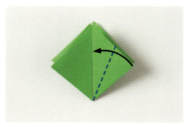

5 右側を中心に合わせて折ります

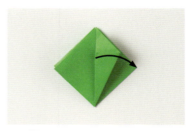

6 5を開きます

7 右の角を6で付けた折り線に合わせて折ります

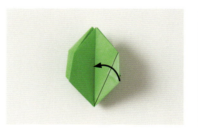

8 6の折り線をたたみ、しっかりと折り線を付けます。左右の重なりをめくりながら、残りの3か所も同様に折ります

9 座布団折りの状態まで開きます

10 凹凸を逆にします

11 辺の中心を折り線に沿ってたたみます

12 8で付けた折り線に沿って、後ろ側にたたみます

chapter 3 秋に折りた花とリース

13 残りの3か所も同様にたたみます

14 桔梗のガクができました

●桔梗の茎

1 ハイビスカスの茎（p.73）の3まで作り、両側の先端をハサミで平らに切ります

2 片方の先端をハサミで半分に切ります

3 切り口を広げます

●桔梗の組み立て

1 ガクの根元をハサミで切ります

2 茎を通します

3 先端を切って開いた茎の裏にのりを付け、接着します

4 葉の根元にのりを付けて接着します

5 花の根元にのりを付けて、ガクと接着させます。桔梗ができました

YouTubeもチェック!!

chapter 3 秋に折りたい花とリース

ガーベラ

咲き姿前が向きで明るいイメージのガーベラは、インテリアにもぴったりです。10月の誕生花でもあるので、さまざまなお祝いとしても喜ばれます。

◆紙サイズ：花 15cm×15cm　葉 7.5cm×7.5cm
◆完成サイズ目安：直径約 9cm
◆使う道具：竹串、のり

● ガーベラの花

1 裏を上にして「バラのリース」の18(p.54)まで折ります。★をめくって左に倒し、折り線を付けます

2 1を開きます

3 重なりを指で広げ、折り線に沿って内側に折り込みます

4 しっかりと折り線を付けます

5 右隣の重なりを左に倒し、折り線を付けます

6 2〜4と同様に内側に折り込みます

chapter 3 秋に折りたい花とリース

7 裏返します

8 ★の重なりを持ち上げます

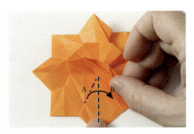
9 AをBに合わせます

10 しっかりと折り線を付けます

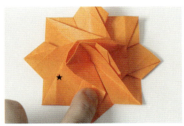
11 左隣の★の重なりをめくります

12 10と同様に折り線を付け、右の折り線に合わせて折ります

13 左隣の重なりをめくり、花弁の左辺を右に移動します

14 すべての花弁の左辺を右に倒しました

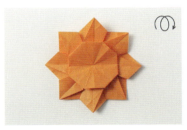
15 しっかりと折り線を付け、裏返します

16 右上の重なりを左に倒し、しっかりと折り線を付けます

17 竹串などを入れて広げます

18 山折り線が中心になるように、つぶしながら折ります

113

19 右隣の重なりも同様に折ります

20 残りの6か所も同様に折りました。折った部分の左右を中心に合わせて折ります

21 20を開きます

22 20で付けた左右の折り線に沿って、重なりの中心を手前に下げます

23 残りの6か所も20〜22と同様に折ります

24 左右を開いて折ります

25 残りの6か所も同様に折ります

26 表に返します

27 重なりをめくり、①の辺と折り線が合うように折ります。②と③も同様に折ります（p.55「バラのリース」参照）

28 残りの3か所も同様に折ります

29 ★を持ち上げて、すべての折り目をたたみます

30 花弁の根元を折って起こします

chapter
秋に折りたい花とリース 3

31 すべての花弁の根元を折りながら起こします

32 竹串などで花弁の先端にカールを付けます

33 すべての花弁の先端にカールを付けました

34 花芯に竹串などを入れ、起こします

35 ガーベラの花ができました

●ガーベラの葉

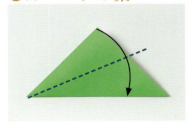
1 裏を上にして三角に折り、上の角の重なりをめくって下辺に合わせて折ります

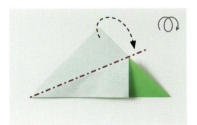
2 反対側も後ろ側に折り、裏返します

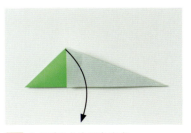
3 上の重なりを開きます

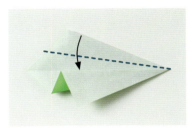
4 下の角を中心の折り線に合わせて折ります。上の角も同様に折ります

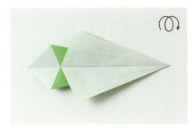
5 裏返します。ガーベラの葉ができました

6 葉の表面の根元にのりを付け、花の裏側に接着させます。ガーベラができました

花　葉

YouTubeもチェック!!

chapter 3
秋に折りたい花とリース

立体の菊

折り紙3枚で作る、豪華な菊の花です。観賞用の大菊に見立てたこの作品は、"菊の節句"といわれる重陽の節句の花飾りにおすすめです。

◆紙サイズ：花 15cm×15cm　3枚
　　　　　　葉 7.5cm×7.5cm
　　　　　　ガク 7.5cm×7.5cm
　　　　　　茎 15cm×7.5cm
◆完成サイズ目安：花直径約 11cm　高さ約 24cm
◆使う道具：竹串、ハサミ、のり

●立体の菊の花

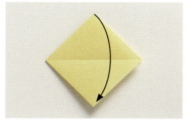

1 裏を上にして四角折り（p.9）をし、上の重なりを持ち上げます。

2 指を入れて広げ、中心の折り線が合うようにつぶしながら折ります。

3 上下の重なりをめくりながら、残りの3か所も同様に折ります。

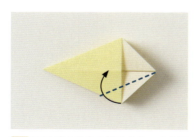

4 下の重なりを1枚めくり、中心に合わせて折ります。

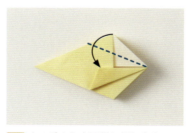

5 上の重なりも同様に折ります。

6 4～5を開き、右に90度回転させて向きを変えます。

116

chapter 3 秋に折りたい花とリース

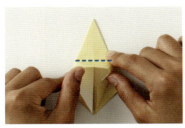

7 4〜5で付けた左右の折り目に合わせて、重なりをめくって折ります

8 下の左右を、折り線に沿ってたたみ、上の左右を折ります

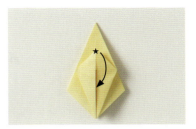

9 上の左右を折り、★をめくって下にたたみます

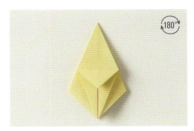

10 左右の重なりをめくりながら、残りの3か所も同様に折ります。上下を逆にします

11 下の左右を中心に合わせて折ります

12 下の左右を折ります

13 残りの3か所も同様に折ります

14 上を開きます

15 竹串などで花弁を内側にカールします

16 同じものを3つ作り、形を整えます

17 花の先端にのりを付け、互い違いになるように3つ重ねます

18 菊の花ができました

117

●立体の菊のガク

1 菊の花の14まで折り、根元を切ります

2 竹串などで内側にカールします

3 菊のガクができました

●立体の菊の茎

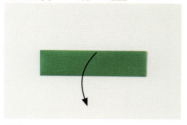
1 15cmの折り紙を半分に切り、表が上になるように半分に折ります。一度開きます

2 下辺を中心の折り線に合わせて折ります

3 下辺を中心の折り線に合わせて折り、さらに下辺を中心に合わせて折ります

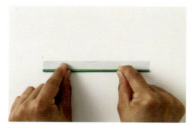
4 巻き付けるように上まで折っていき、上辺にのりを載せます。最後まで巻き付けて接着します

5 先端を半分に切ります

6 先端を開きます。菊の花の茎ができました

●立体の菊の葉

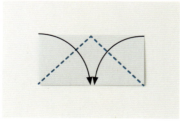
1 表を上にして半分に折り、左右の重なりをめくり、下辺に合わせて折ります

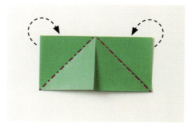
2 表を上にして半分に折ります。左右の重なりをめくり、下辺に合わせて折ります、反対側も後ろ側に折ります

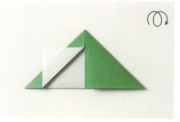
3 左の重なりをめくって折り、裏返します

chapter 3 秋に折りたい花とリース

4 2と同様に右を折ります

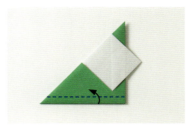

5 裏返して写真の向きに変え、下辺を折ります

6 裏返します

7 5と同じ幅で下辺を折ります

8 表裏を返しながら蛇腹に折り、広げます

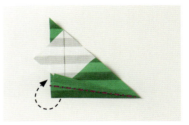

9 下辺の重なりをめくり、右の角を軸に折ります。反対側も後ろ側に折ります

10 上の角を軸に、右辺を折ります

11 左下の角をめくって広げます

12 菊の葉ができました

119

● 立体の菊の組み立て

1 すべてのパーツを用意します

2 先端を開いた茎の裏側にのりを付け、ガクに通します

3 葉の根元にのりを付け、茎に接着します

4 ガクの内側にのりを付け、花を接着します。花弁を竹串などでカールし、形を整えます

5 立体の菊ができました

YouTubeもチェック!!

chapter
秋に折りた3花とリース

コスモスのリース

花弁の形が桜に似ていることから、「秋桜」と書かれるコスモス。秋の風物詩ともいえるかわいい花を、リースにしました。

◆紙サイズ：花 3.75cm×3.75cm　64枚
　　　　　　花芯　黄色 3.75cm×1.875cm（3.75cmの折り紙半分）8枚
　　　　　　　　　茶色 3.75cm×0.9375cm（3.75cmの折り紙1/4）8枚
　　　　　　リース 15cm×15cm　8枚
◆完成サイズ目安：リース直径約 18.5cm　花直径約 4.7cm
◆使う道具：ハサミ、のり、ピンセット又はクイリングバー

● コスモスの花

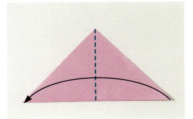

1 裏を上にして三角に折り、さらに半分に折ります

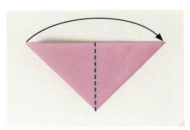

2 左の重なりをめくって右の角に合わせて折ります

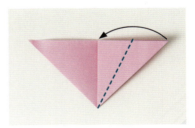

3 右の重なりをめくり、中心に合わせて折ります

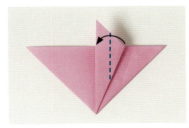

4 右角をめくって折り、しっかりと折り線を付けます

5 3〜4を開きます

6 重なりに指を入れて広げ、右辺が中心になるように折り線に沿ってたたみます

121

7 左の重なりを広げ、折り線に沿って内側に折り込みます

8 右の折り線を山に変え、同様に折り込みます

9 裏返します

10 上の角を三角の辺に合わせて折ります。同じものを8つ作ります

11 AにBを差し込み、ぴったりと合うように重ねます

12 Bの左角をAの裏側に折り込みます

13 Aの右角をBの裏側に折り込みます

14 残りの6枚も同様に重ねます

15 最後は下のパーツを上にして組み立てます。コスモスの花が1つできました。同じものを8つ作ります

● コスモスの花芯

1 指定のサイズ通りに紙を切り、裏を上にして半分に折ります。一度開いて中心の線に合わせて上下を折ります

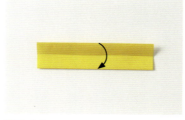
2 中心でたたみます

3 開きを下にし、なるべく細くハサミで切ります

chapter 3 秋に折りたい花とリース

4 指定のサイズ通りに紙を切り、半分に折ります

5 開きを下にしてなるべく細くハサミで切ります

6 3の切り込みの反対側にのりを付け、巻きます

7 5の切り込みの反対側にのりを付け、6に巻き付けます。糊が乾いたら花芯を指で広げます

8 同じものを8つ作ります。コスモスの花の中心にのりを付け、接着します

●コスモスのリース

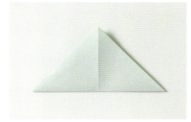

1 表を上にして三角に折り、一度開いて反対側も折ります

2 1を開いて裏を上にして半分に折ります。一度開いて反対側も折ります

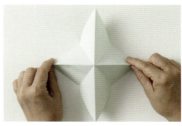

3 すべて開いて裏を上にし、折り線通りにたたみます

4 左右の重なりを中心に合わせて折ります

5 4で折った右を開きます

6 重なりに指を入れて広げ、山折りに変えます

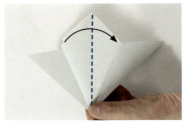

7 中心を谷折りに変え右にたたみます

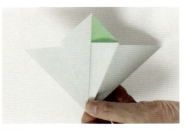

8 左も同様に開いて左にたたみます

9 裏返します

10 上を手前に折ります

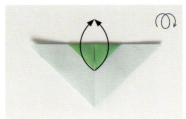

11 10を開き、裏返します

12 右の重なりをめくり、中心に合わせて折ります

13 折り線を付け、★と★が合うようにつぶしながら折ります

14 左も同様に折ります

15 右の重なりをめくり、上の角を軸にして折ります

16 右角を左角に合わせて折ります

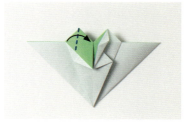

17 左も同様に折ります

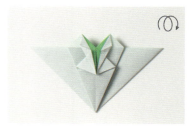

18 裏返します

124

19 下の角を★に合わせて折ります。同じものを8つ作ります

● リースの組み立て

1 Bの左角を後ろに折りAの間に、Aの右角を前に折りBの間に入れ、ぴったりと重なるように差し込みます

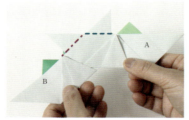

2 裏側も差し込みます

3 Bの左角をAの裏側に折り込みます

4 Aの右角をBの隙間に、Bの左角をAの隙間に折り込みます

5 残りの6枚も同様に差し込みます。最後は右側の下になったパーツを上にして組み立てます

6 花の位置を決め、花にのりを付けてリースに接着します

7 コスモスのリースができました

YouTubeもチェック!!

chapter 3
秋に折りたい花とリース

星

折り紙1枚だけで裏と表で2種類楽しめる、立体の星。オーナメントやインテリアとしてはもちろん、小物入れなどにも使用できます。

◆紙サイズ：15cm×15cm
◆完成サイズ目安：約9cm×9cm

●星を折る

1 裏を上にして、四角折り（p11）をします。開きを上にして、左右の重なりをめくって中心に合わせて折ります。

2 下の角を折って折り目を付けて開き、裏返します。

3 1と同様に、中心の折り線に合わせて折ります。

4 2と同様に折って開きます。右を開いて、重なりに指を入れて広げます。

5 中心の折り線に合わせて、つぶしながら折ります。

6 左も同様に折ったら、★を下に折ります。

7 左辺を上辺に合わせてしっかりと折り線を付けます

8 一度開いて、右辺も同様に折ります

9 折り線を付けて開いたら、裏返します。裏側も 5〜9 と同様に折ります

10 表と裏を1枚ずつめくり、左右の辺を中心に合わせて折ります

11 6〜9 と同様に折り、裏返して反対側も同様に折ります

12 内側を広げて立体の箱にします

13 ★をつまみます

14 折り線に沿って内側に寄せます

15 裏返して折り線を山折りに変えます

16 内側に寄せます

17 星ができました

YouTubeもチェック!!

127

飾りつけのコツ

1. **フレームや額の使用**

    作品を美しく飾りつける一番簡単な方法の一つは、フレームや額を使用することです。適切なサイズとデザインのフレームを選んで作品を入れると、美しさが際立ちます。

2. **季節やイベントに合わせる：**

    作品を季節や特別なイベントに合わせて飾りつけることで、雰囲気を楽しむことができます。クリスマスやハロウィンのテーマに合わせた装飾を追加するなど、季節感を出すのも素敵です。

3. **シンプルさを忘れずに：**

    飾りつけが過度に複雑になりすぎないように注意しましょう。時にはシンプルなアプローチが最も効果的で美しい結果を生むことがあります。

    飾りつけは折り紙作品をより魅力的に見せる重要な要素です。テーマや個人の好みに応じて、飾りつけを工夫して作品を引き立てましょう。

chapter 4

冬に折りたい折り紙

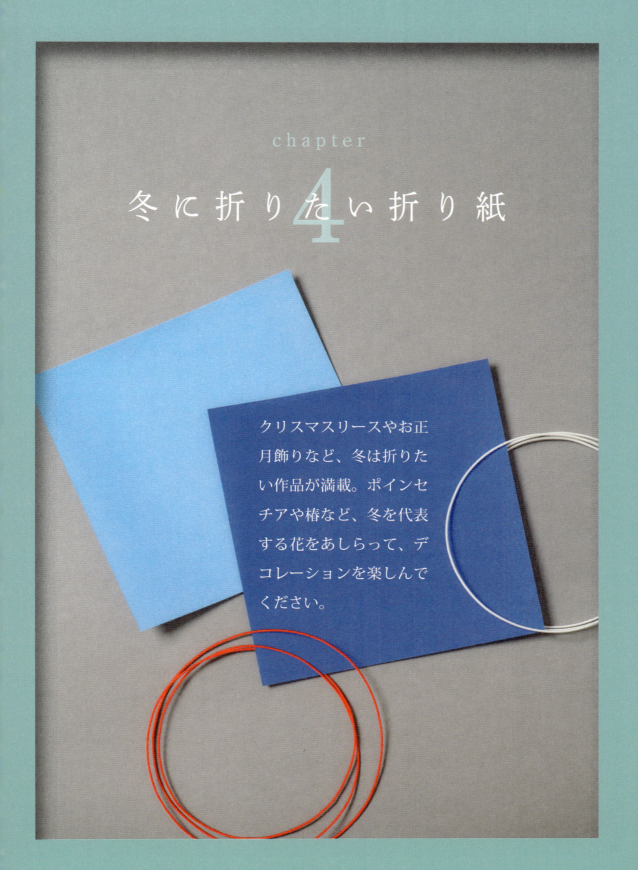

クリスマスリースやお正月飾りなど、冬は折りたい作品が満載。ポインセチアや椿など、冬を代表する花をあしらって、デコレーションを楽しんでください。

お正月のしめ縄リース
p.146

梅の花
p.148

梅の花のお正月リース
p.150

雪の結晶のリース
p.151

chapter 4
冬に折りたい花とリース

ポインセチア

「聖夜」という花言葉を持つ、クリスマスを代表するポインセチア。花芯にビーズを載せるとより華やかな印象になるので、プレゼントや飾りに最適です。

◆紙サイズ：花　大 15cm×15cm　中 12cm×12cm
　　　　　　　小 7.5cm×7.5 cm
　　　　　　葉　大 17.5cm×17.5cm　中 15 cm×15cm
　　　　　　　小 10cm×10cm
◆完成サイズ目安：大直径約 12cm
　　　　　　中直径約 10.5cm　小直径約 7cm
◆使う道具：のり

●ポインセチアの花

1 裏を上にして、パンジーの 19 (p.42) まで折り、残りの2か所も同様に折ります。右上の重なりをめくり、中心に合わせて折ります

2 しっかり折り線を付けたら開き、中心の折り線を左の辺に合わせて折ります

3 下の重なりを出して右も辺に合わせて折ります。残りの3か所も同様に折ります

4 折り線に沿ってたたみます

5 すべての角を、左の折り線に合わせてしっかりと折ります

134

chapter 4
冬に折りたい折り紙

6 6をすべて開きます

7 右の重なりを広げ、山折り線を谷、谷折り線を山に変えます。内側に折り込みます

8 右隣（★）をつまんで重なりを広げます

9 7と同様に折り線を変えます

10 内側に折り込みます

11 2か所内側に折り込みました。残りの6か所も同様に折り込みます

12 すべて内側に折り込んだら、裏返します

13 重なりをめくり、6で付けた折り線を、後ろ側にたたみます

14 重なりに隠れている折り線も後ろ側にたたみます

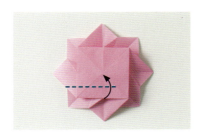

15 すべての折り線をたたみました。下辺を中心の折り線に合わせて折ります

16 15を開き、残りの3か所も同様に折ります

17 16で付けた折り線に沿って内側に寄せます

135

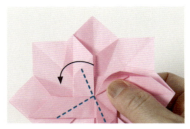

18 折り線に沿ってたたみ、しっかりと折り線を付けます。★を持ち上げ、左の線に合わせて折ります

19 残りの3か所も同様に折り線を付けます

20 4か所すべてに折り線を付けました

21 竹串などで内側を広げます

22 4か所すべて広げたら、形を整えます

●ポインセチアの葉

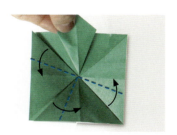

1 表を上にして、花の1を折ります。右上の重なりをめくり、中心の折り線に合わせてしっかりと折ります

2 1を開き、右上の重なりに指を入れて広げ、折り線を変えて左にたたみます

3 残りの3か所も1〜2と同様にたたみます

4 中心にのりを付け、花を接着します

5 ポインセチアができました。お好みで中心にビーズなどを付けてください

YouTubeもチェック!!

chapter 4
冬に折りたい花とリース

クリスマスボックス

ポインセチアを折ったら、ぜひ作ってみたいクリスマスボックスです。小物入れとしてはもちろん、キャンディなどを入れてプレゼントしても喜ばれます。

◆紙サイズ：箱 15cm×15cm
　　　　　ポインセチア　花 12cm×12cm
　　　　　　　　　　　　葉 15cm×15cm
◆完成サイズ目安：縦約 10.5cm
　　　　　　　　　横約 10.5cm　高さ約 4cm
◆使う道具：のり

● クリスマスボックスの箱

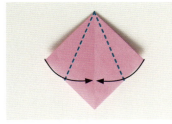

1 裏を上にし、四角折り（p.11）をします。開きを上にして、左右の重なりをめくって中心に合わせて折ります

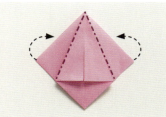

2 反対側も後ろ側に折ります

3 下の角を折り上げます

4 3を開き、右側の重なりを広げます

5 中心が合うようにつぶしながら折ります。左側も同様につぶしながら折ります

6 裏側も同様に折り、右の重なりをめくります。後ろ側の左の重なりもめくります

7 右の重なりを折り線に沿ってたたみます。残りの3か所も同様にたたみます

8 上の重なりを下に折ります

9 ★を上辺の中心に合わせて折ります

10 左右をめくりながら、残りの3か所も同様に折ります

11 箱状に広げます

12 箱ができました

●箱を組み立てる

1 完成したポインセチアの葉の裏側に、箱のツメを差し込みます

2 クリスマスボックスができました

YouTubeもチェック!!

chapter 4 冬に折りたい花とリース

クリスマスリース

大きなリボンとサイズ違いの4つのポインセチアで作る、クリスマスに欠かせないリースです。リースの土台をゴールドにするなど、アレンジも楽しめます。

◆紙サイズ：リボン　15cm×15cm　花 7.5cm×7.5cm
　　　　　　ポインセチの花　大 10cm×10cm 1枚　小 7.5cm×7.5cm 2枚
　　　　　　ポインセチアの葉　大 12cm×12cm 1枚　小 10cm×10cm 2枚
　　　　　　リース　10cm×10cm 8枚
◆完成サイズ目安：約24cm×18cm
◆使う道具：ハサミ、のり

● リースのリボン

1 表を上にして半分に折って開きます。下辺を中心に合わせて折って開き、下の折り線に沿ってを切ります

2 上辺を中心の折り線に合わせて折って開きます。下を折り線に沿ってたたみます

3 重なりを下辺に合わせて折ります

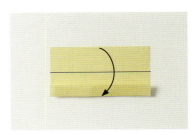

4 上を折り線に沿ってたたみます

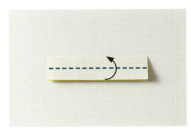

5 下の重なりをめくり、上辺に合わせて折ります

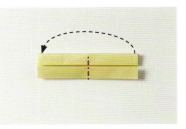

6 縦半分に、後ろ側に折ります

7 右上の角を、中心に合わせて折ります

8 右下の角を後ろ側に折ります

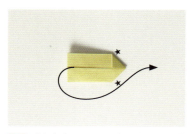

9 重なりを開いて、★と★を結ぶ線で折り、しっかりと折り線を付けます

10 6～9を開き、裏返します

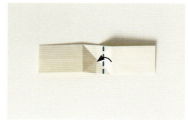

11 下の折り線を中心の折り線に合わせて折ります

12 左の折り線も中心の折り線に合わせて折り、しっかりと折り線を付けます

13 上下を中心に合わせて折り、開きます

14 ★の重なりを広げ、Aの辺をBの折り線に合わせて折ります。左側も同様に折ります

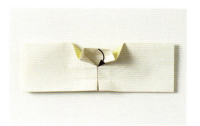

15 上辺を中心の折り線に合わせてたたみます

16 下の左右も同様に折ります

17 折り線に沿ってたたみ、表に返します

18 ★の重なりをつまんで持ち上げ、指を入れて広げます

chapter 4
冬に折りたい折り紙

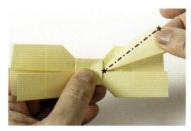

19 ★と★を結ぶ線を折ります

20 ★と★を結ぶ線を折ります

21 残りの3か所も同様に折ります

22 リボンができました

● リースを組み立てる

1 リースの土台②（p.16）とポインセチアの花（p.134）を用意し、位置を決めてのりで接着します

リース　リボン

YouTubeもチェック!!

141

chapter 4 冬に折りたい花とリース

椿

冬に赤や白の花を咲かせる椿は、古くから愛されました。光沢のある葉としっかりとした花芯も印象的。厚みのある紙を選べば、よりリアルに仕上がります。

- ◆紙サイズ：花　大15cm×15cm　小7.5cm×7.5cm
　花芯　大15cm×15cm　小7.5cm×7.5cm
　葉　大7.5cm×7.5cm　小3.75cm×3.75cm
- ◆完成サイズ目安：大約10cm×9cm
　高さ約5cm　小約6cm×4.5cm　高さ約2.5cm
- ◆使う道具：竹串、ハサミ、のり

●椿の花

1 裏を上にして、座布団折り②B（p.11）を折り、後ろ側に半分に折ります

2 1を開き、向きを変えて反対側も同様に折ります

3 ★をつまみます

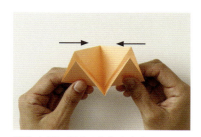

4 内側に寄せてたたみます

5 開きを上にし、重なりをめくってしっかりと折ります

6 左右をめくりながら、残りの3か所も同様に折ります

chapter 4 冬に折りたい折り紙

7 5 を開きます

8 左右を広げ、角の折り線を谷折りに変えます

9 左右の折り線に沿って内側にたたみます

10 左右をめくりながら、残りの3か所も 7 ～ 9 と同様にたたみます。右角をしっかりと折ります

11 左右をめくりながら、残りの3か所も同様に折ります

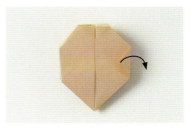
12 11 で折った角を開きます

13 重なりに指を入れて広げ、角の山折り線を谷折りに変えます

14 折り線に沿って内側にたたみます。残りの3か所も同様にたたみます

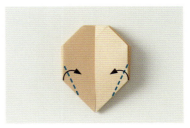
15 左右の下の角を折ります。

16 裏返して同様に折ります

17 上の開きを広げます

18 花の内側に指を入れ、底を平らにします

143

19 花弁の先を竹串などでカールを付けます

20 椿の花ができました

●椿の花芯

1 紙を半分に切って横長に並べ、裏を上にしてのりで接着します

2 のりが乾いたら、表を上にして半分に折り、開きます

3 2で付けた折り線に合わせて下辺を軽く折り、印を付けます

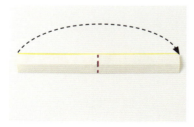

4 3を開いて中心の折り線に沿ってたたみ、縦半分に折ります

5 開き側を、3で付けた印までハサミで切ります

6 端から巻いていき、巻き終わりをのりで接着します

7 花芯ができました

●椿の葉

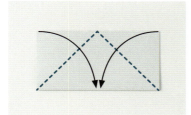

1 表を上にして半分に折ります。左右の上の角をめくり、下辺に合わせて折ります

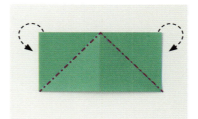

2 後ろ側も同様に折ります

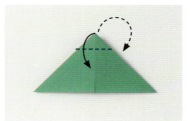

3 上の角の重なりをめくって手前に折り、後ろ側も折ります

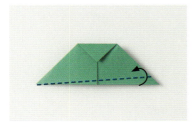

4 左角を軸に、下辺を折ります

5 上の重なりを広げます

6 葉ができました

●花と葉の組み立て

1 すべてのパーツを用意します

2 葉の根元にのりを付けます

3 花の裏側に接着します

4 花芯の下にのりを付け、花の中心に接着します

5 花芯の先を指で広げます

6 椿ができました

chapter 4 冬に折りたい花とリース
お正月の しめ縄リース

椿の花でリースを作ってみましょう。リースの土台をしめ縄に見立ててフサを追加すれば、お正月にぴったり。玄関やお部屋などに飾ってください。

◆紙サイズ：花 7.5cm×7.5cm　2枚
　　　　　　花芯 7.5cm×7.5cm　2枚
　　　　　　葉 3.75cm×3.75cm　4枚
　　　　　　リース 7.5cm×7.5cm　8枚
　　　　　　フサ 7.5cm×7.5cm　2枚
◆完成サイズ目安：約 19.5cm×13cm
◆使う道具：竹串、ハサミ、のり

● しめ縄リースのフサ

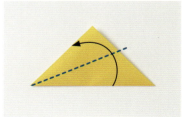

1 裏を上にして三角に折ります。左下の角を軸に、下辺を左辺に合わせて折ります

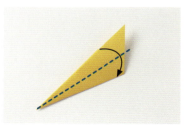

2 上の重なりをめくって、下辺に合わせて折ります

3 後ろ側も同様に折って、裏返します

4 すべて開きます

5 右下は折り線に沿ってたたみ、左上は折り線を逆にしながらたたみます

6 折り線を付けたら広げて裏返します

7 裏面を上にし、左右から2番目の折り線を軸に、角を中心に合わせて折ります

8 折り線に沿ってたたみます。リースのフサができました。同じものを2つ作ります

● リースの組み立て

1 リースの土台①（p.14）と椿（p.142）を2つ作ります

2 フサの先端にのりを付け、リースの裏側に接着します

3 花の位置を決め、椿の裏側にのりを付けて接着します。お正月のしめ縄リースができました

YouTubeもチェック!!

147

chapter 4
冬に折りたい花とリース

梅の花

春が訪れを知らせる梅の花は、旧正月を祝っていた2月に開花します。まだまだ寒い新年を祝うように紅白で咲く、縁起の良い"春の花"の代表です。

◆紙サイズ：花　大 15cm×15cm　小 7.5cm×7.5cm
◆完成サイズ目安：直径大約 7cm　小約 3.5cm
◆使う道具：ハサミ

● 梅の花

1 裏を上にして、桃の8（p.45）まで折って表に返します。花弁の角を左辺に合わせて折ります

2 1を開き、★の重なりを開きます

3 内側に折り線を付け、★を下します

4 花弁の先端を、1で付けた折り線に沿って上にたたみます

5 右隣から順に、残りの4か所も同様に折ります

6 ★の重なりをめくって起こします

7 指を入れて広げ、下の重なりを出します

8 7の重なりを立て、左右に折って折り線を付けます。左右対称になるように中心を合わせて、つぶしながら折ります

9 残りの4か所も重なりを広げ、つぶしながら折ります

10 梅の花ができました

chapter 4 冬に折りたい花とリース

梅の花のしめ縄リース

金や赤の水引をあしらった豪華なしめ縄飾りです。人気の梅の花とリースを折れば完成するので、ぜひ手作りでお正月飾りを楽しんでください。

◆紙サイズ：リース 7.5cm×7.5cm　8枚
　　　　　フサ 7.5cm×7.5cm　2枚
　　　　　花 7.5cm×7.5cm　3枚
◆完成サイズ目安：約 19.5cm×13cm
◆使う道具：水引、ペン、ハサミ、のり、ワイヤー、テープ

● 梅の花

1 「人気の花（梅）」（p.21）を折り、中心を開きます。好みの色で塗ります

2 インクが乾いたらたたみます

● しめ縄の組み立て

1 リースの土台①（p.13）と梅の花を3つ、フサ（p.150）を2つ作ります。水引は形を整えワイヤーで止めます

2 フサの先端にのりを付け、リースの裏側に接着します。水引をテープなどでリースに付けます

3 花の位置を決め、花の裏側にのりを付けて接着します。梅の花のしめ縄リースができました

 YouTubeもチェック!!

chapter 4
冬に折りたい花とリース
雪の結晶のリース

クリスマスツリーのデコレーションやオーナメントにぴったりのリースです。雪をイメージさせる白やシルバー、水色などで作ると素敵です。

◆紙サイズ：小 7.5cm × 7.5cm　8枚　大 15cm × 15cm　8枚
◆完成サイズ目安：小約 15.5cm ×15.5cm　大約 32cm ×32cm
◆使う道具：のり

● 雪の結晶

1 裏を上にして「パンジー」19（p.41）まで折り、残りの2か所も折ります。右上の重なりをめくり、中心に合わせて折ります

2 1を開きます

3 ★をめくって広げます

4 外側の左右の折り線を山折り線に、内側の左右の折り線を谷折りに変えます。折り線に沿ってたたみます

5 残りの3か所も1〜4と同様に折ります

6 ★の重なりに指を入れて広げ、左の折り線に合わせてつぶしながら折ります

7 反対側も同様に、重なりを広げてつぶしながら折ります

8 残りの3か所も 6 〜 7 と同様に折ります

9 裏返します

10 下辺の重なりをめくり、中心に合わせて折ります（左端まで折らない）。残りの3か所も同様に折ります

11 10 を開き、上辺をめくって下げ、左右を中心に合わせて折ります

12 残りの3か所も同様に折ったら、★をめくります

13 ★と★を結んで折ります。残りの3か所も同様に折ります

14 中心にのりを載せて接着します

15 雪の結晶ができました。同じものを8つ作ります

●リースの組み立て

1 Aの右上の先端にのりを付け、Bの左の先端を接着します

2 Bの左下がAに隠れるように整えたら、のりを付け、3つめを接着します

3 すべての雪の結晶をつなげます。雪の結晶のリースができました

YouTubeもチェック!!

chapter
4
冬に折りたい花とリース

リボンのポチ袋

お年玉はもちろん、ちょっとした心付けに便利な、リボン付きポチ袋です。のりやハサミも不要で作れるので、お気に入りの紙で折ってみましょう。

◆紙サイズ：15cm×15cm
◆完成サイズ目安：約 6.5cm×5.8cm

Special Techniques

● ポチ袋

1 裏を上にして半分に折って開きます

2 下辺を中心の折り線に合わせ、印を付けます

3 下辺を2で付けた印に合わせて折り、さらに下辺に合わせて折り下げます

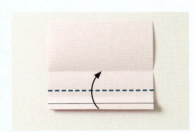

4 1で付けた折り線に合わせて折ります

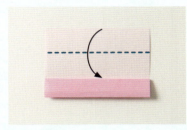

5 上辺を中心の折り線に合わせて折ります

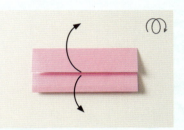

6 3を残して開き裏返します

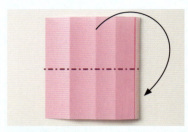

7 写真の向きに変え、後ろ側に半分に折ります

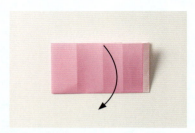

8 開きます

9 下辺を7で付けた折り線に合わせて印を付けます

10 下辺を9で付けた折り線に合わせて折ります。さらに下辺に合わせて折り下げます

11 下辺の上の折り線をめくり、下ろします。表に返します

12 折り目が正しく付いているか確認します

13 写真の向きに変え、下辺を中心の折り線に合わせて印を付けます

14 13で付けた印に合わせて折り、さらに下辺に合わせて折り下げます

15 下辺の上の折り線をめくり、下ろします。表に返します

16 折り目が正しく付いているか確認します

17 上下を折り線に沿ってたたみます

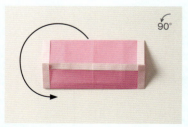

18 折り目が上になるようにたたんだら、左に90度回転させます

chapter 4
冬に折りたい折り紙

● リボン

1 上の折り目に指を入れて広げます

2 先をつぶして角を出します。角（ツメ）を上に倒して折り線をつけます

3 左右の角を折ります

4 上の左右を折りました

5 下の左右の角を中心を軸に折り、裏返します

6 4の角が下になるように向きを変えます。★の折り線を中心に合わせて折ります

7 反対側も、★の線を中心に合わせて折ります

8 ツメを★の中に入れ込みます

9 左上の重なりを竹串などで広げ、★のふくらみをつぶします

10 反対側も同様に広げてつぶします

11 リボンのポチ袋ができました

Good job! 完成 complete

YouTubeもチェック!!

155

折り紙でつくる
四季の花とリース

2024 年 11 月 30 日　初版第 1 刷発行

著　者　　ナイス折り紙 丸山信子
発行者　　角竹輝紀
発行所　　株式会社マイナビ出版
　　　　　〒 101-0003
　　　　　東京都千代田区一ツ橋 2-6-3　一ツ橋ビル 2F
　　　　　TEL：0480-38-6872（注文専用ダイヤル）
　　　　　TEL：03-3556-2731（販売部）
　　　　　TEL：03-3556-2738（編集部）
　　　　　URL：https://book.mynavi.jp
印刷・製本　シナノ印刷株式会社

STAFF
撮　影　　松本拓也／表紙・作品イメージ
　　　　　中辻 渉／プロセス

デザイン　安部 孝（ユニット）

編集・文　猪股真紀（ユニット）

企　画　　島田修二（マイナビ出版）

撮影協力　持田 美保
　　　　　[Instagram] miho_origami_love

　　　　　宮崎 香枝
　　　　　[Instagram] khka14_kaesal

　　　　　大和田 若葉
　　　　　[Instagram] o_wakaba

＜著者プロフィール＞
丸山信子

折り紙好きは保育園時代からで、先生に頼まれて折り紙を教える手伝いをしていたほど。
好きが高じて、2015 年から YouTube チャンネル「ナイス折り紙」を始める。
作風も伝承折り紙中心から創作折り紙に移行し、チャンネル登録数は 10 万人を超える。
2018 年にはインスタグラムも開始。

[YouTube] ナイス折り紙 NiceNo1-Origami
https://www.youtube.com/@niceno1
[Instagram] niceno1_origami
https://www.instagram.com/niceno1_origami/

＜注意事項＞
・本書の一部または全部について個人で使用するほかは、著作権法上、株式会社マイナビ出版および著作権者の承諾を得ずに無断で模写、複製することは禁じられております。
・本書について質問等ありましたら、往復ハガキまたは返信用切手、返信用封筒を同封の上、株式会社マイナビ出版編集第 2 部までお送りください。
・乱丁・落丁についてのお問い合わせは、TEL：0480-38-6872（注文専用ダイヤル）、電子メール：sas@mynavi.jp までお願いいたします。

定価はカバーに記載しております。
（C）Nice Origami/Mynavi Publishing Corporation
ISBN978-4-8399-8303-1
Printed in Japan